经济法理论与实践创新研究

张 婧 著

中国商务出版社
·北京·

图书在版编目（CIP）数据

经济法理论与实践创新研究 / 张婧著. -- 北京：中国商务出版社，2024.2

ISBN 978-7-5103-5114-3

Ⅰ. ①经… Ⅱ. ①张… Ⅲ. ①经济法－研究－中国 Ⅳ. ①D922.290.4

中国国家版本馆 CIP 数据核字（2024）第 033023 号

经济法理论与实践创新研究

JINGJIFA LILUN YU SHIJIAN CHUANGXIN YANJIU

张　婧　著

出　　版：	中国商务出版社
地　　址：	北京市东城区安外东后巷 28 号　　邮编：100710
责任部门：	发展事业部（010-64218072）
责任编辑：	李鹏龙
直销客服：	010-64515210
总 发 行：	中国商务出版社发行部（010-64208388　64515150）
网购零售：	中国商务出版社淘宝店（010-64286917）
网　　址：	http://www.cctpress.com
网　　店：	https://shop595663922.taobao.com
邮　　箱：	295402859@qq.com
排　　版：	北京宏进时代出版策划有限公司
印　　刷：	廊坊市广阳区九洲印刷厂
开　　本：	787 毫米 ×1092 毫米　1/16
印　　张：	9.25　　　　　　　　字　　数：210 千字
版　　次：	2024 年 2 月第 1 版　　　印　　次：2024 年 2 月第 1 次印刷
书　　号：	ISBN 978-7-5103-5114-3
定　　价：	69.00 元

凡所购本版图书如有印装质量问题，请与本社印制部联系（电话：010-64248236）

版权所有　盗版必究（盗版侵权举报请与本社总编室联系：010-64212247）

前言 Preface

  当今世界正经历着前所未有的经济与法律互动时期，这一时期所呈现出的复杂、多样的经济法关系成为学术界和实践者关注的焦点。本书旨在深入探讨经济法与实践之间的相互影响，揭示法律规范对现代经济的塑造和影响，并通过实际案例分析展示经济法理论在实践中的应用与实用性。

  本书研究的起点是对当代经济与法律互动关系的理论思考，探索法律在优化经济结构、规范市场行为、引导企业管理等方面的实质作用；深入挖掘法律对市场经济、企业经营、金融体系、国际经济和可持续发展等领域的具体应用，通过案例分析展现经济法理论在实际场景中的实用性。

  本书着重关注经济法对市场经济的规范作用，以及经济法在企业经营管理、金融体系和国际经济中的影响。特别地，我们将深入研究经济法对金融机构监管、证券市场和保险业的影响，以及经济法在全球化时代对国际贸易、投资和跨国公司的法律调控。

  可持续发展是本书的另一个关键主题，将探讨环境法与可持续经济、贫富差距与社会公正，以及公共利益法与企业社会责任之间的紧密联系。通过这一视角，我们将分析经济法在促进社会责任和可持续发展方面的作用，为实现经济与社会的和谐发展提供理论支持。

  最后，通过案例分析与展望，本书将深入剖析经济法在实际案例中的应用，总结实践经验与教训，展望未来发展趋势并提出建议。期望本书能为读者提供全面而深刻的理解，帮助他们更好地应对当今复杂多变的经济与法律挑战，同时也为未来经济法的研究和实践提供有益的启示。

目 录 Contents

第一章　导论 ··········· 1
第一节　研究背景与动机 ··········· 1
第二节　研究目的与问题 ··········· 2
第三节　研究范围与限制 ··········· 3
第四节　研究方法与途径 ··········· 4

第二章　经济法基本理论概述 ··········· 8
第一节　经济法定义与特征 ··········· 8
第二节　经济法发展历程 ··········· 14
第三节　经济法基本原则 ··········· 20
第四节　经济法体系概览 ··········· 27

第三章　经济法与市场经济 ··········· 34
第一节　市场经济体制下的经济法角色 ··········· 34
第二节　经济法对市场行为的规范 ··········· 41
第三节　市场竞争与反垄断法 ··········· 53
第四节　市场监管与经济法的协调 ··········· 59

第四章　经济法与企业经营管理

第一节　公司法与企业法律责任 ... 67
第二节　合同法与商业合作关系 ... 75
第三节　劳动法与雇佣关系 ... 84
第四节　知识产权法与企业创新 ... 90

第五章　经济法与可持续发展

第一节　环境法与可持续经济 ... 96
第二节　贫富差距与社会公正 ... 103
第三节　公共利益法与社会责任 ... 109
第四节　经济法在可持续发展中的作用 ... 116

第六章　案例分析与展望

第一节　经济法教学与案例分析法 ... 124
第二节　成功经验与教训 ... 129
第三节　未来发展趋势与建议 ... 136

参考文献 ... 139

第一章

导论

第一节 研究背景与动机

一、当代经济与法律互动关系

在当今全球化大背景下，经济与法律的关系呈现出极为复杂的互动格局。全球互联互通的经济体系中，法律扮演着至关重要的角色，既在塑造经济结构方面发挥着指导作用，也在规范经济行为方面具有深刻影响。国际贸易、金融体系以及企业经营活动都受到法律框架的制约和引导，这种深度的互动关系在全球范围内不断加深。

法律在全球化背景下通过制定国际贸易法规、金融监管法律等，对全球经济体系进行规范和引导。国际贸易法规的制定促进了全球贸易自由化和经济一体化，同时也确保了全球贸易的公平和有序进行。在金融领域，法律通过设立金融监管机构、规范金融产品和服务，维护了金融市场的稳定和健康发展。在企业经营方面，法律通过公司法、商业法等规范企业行为，保障市场经济的正常运转。

随着法律制度的不断演变，法律对经济的影响在演变中逐渐加强。法律逐步调整和优化自身，以适应不断变化的经济形势。法律的适应性和灵活性成为维护经济体制稳定和可持续发展的重要保障。在法律的引导下，经济体制能够更好地适应全球化带来的挑战和机遇，实现更为平衡和可持续的发展。

二、研究动机与意义

研究法律在当代经济中的实际作用具有重要的意义。首先，通过深度剖析法律在当代经济中的实际应用，我们能够揭示其具体影响和潜在问题。这种深入研究有助于理解法律在市场经济、金融体系和企业经营等方面的实质性作用。通过具体案例和实证数据的分析，我们能够全面了解法律对经济结构和经济行为的引导机制，为法律体系的完善提供理论支持。

其次，研究法律对经济创新的推动具有重要的政策意义。经济创新是推动社会进步和经济增长的重要动力，而法律在这一过程中发挥着引导和推动的作用。通过深入研究法律如何促进经济创新，本书能够为政策制定者提供有力的建议。了解法律对知识产权保护、合同法在创新合作中的应用等方面的实质性作用，有助于优化法律环境、激发创新活力，推动经济体系朝着更具活力和创造力的方向发展。这对于提高国家竞争力、提升经济整体水平具有战略性意义。

第二节 研究目的与问题

一、研究目的

研究的首要目的在于深刻理解经济法在当代经济中的确切作用。此研究旨在深入解析经济法在市场经济结构和企业经营策略中的塑造作用。对于市场经济结构的影响，将重点关注经济法在规范市场行为、维护竞争秩序、防范垄断行为等方面的作用机制。而在企业经营策略方面，将聚焦于经济法对公司法律责任、合同法、劳动法以及知识产权法等方面的规范影响，深入解析经济法如何在这些领域中塑造和引导企业的经营行为。

为了系统评估经济法对经济的影响，将制订可量化的研究指标。这包括通过具体案例和实证数据，量化经济法对市场竞争的影响程度、对企业经营行为的约束程度以及对知识产权保护的实际效果等。通过建立可度量的指标，能够更精确地分析经济法在经济中的作用，同时为未来的政策制定和经济法改革提供具体的定量参考。通过这种综合的研究方法，我们可以更全面地理解经济法在当代经济中的实际作用，为经济法理论和实践提供深刻见解和有价值的学术支持。这一研究旨在推动对经济法理论与实践关系更深入地认识，为未来的经济法体系完善和经济发展提供有力的理论和实证基础。

二、研究关键问题

在本研究中，关键问题的明晰是确保深入挖掘经济法在不同经济领域中实质性作用的重要一环。本书将针对市场经济、金融体系、企业经营等多个领域突出经济法的关键问题进行分析，以全面理解其在各个领域中的影响机制。在市场经济方面，关键问题可能包括经济法对市场行为的规范、对竞争的引导，以及对反垄断法的执行等。通过深入挖掘这些问题，本书将揭示经济法在市场经济运作中的实质性作用，为市场的公平竞争和有效运转提供理论支持。

在金融体系方面，关键问题可能涉及经济法对银行法、证券法、保险法等的监管作用，以及经济法对金融机构稳健经营和风险管理的影响。这方面的研究将有助于深刻理解经济法在金融体系中的作用，为金融市场的健康发展提供指导意见。

对于企业经营领域，关键问题可能包括经济法对公司法律责任的规范、合同法在商业合作关系中的应用、劳动法对雇佣关系的影响，以及知识产权法对企业创新的保护等。透过研究这些问题，我们能够全面了解经济法如何在企业层面产生实质性的影响，为企业经营提供指导。

第三节 研究范围与限制

一、研究范围

（一）研究范围的主次

在研究范围涉及市场经济、金融等多个方面时，需要明确各方面研究的主次关系。市场经济和金融是研究的两个主要方面，其中市场经济作为研究的核心，涉及经济法对市场行为的规范、竞争秩序的维护等关键问题。金融则作为市场经济的支撑体系，包括对银行法、证券法、保险法等的监管，直接关系到金融体系的稳定和健康发展。

在市场经济方面，研究将聚焦于经济法对市场结构的影响，包括对市场行为的规范、竞争秩序的维护等关键问题。通过深入研究这些核心问题，可以全面了解经济法在市场经济中的实质性作用，为市场的公平竞争和有效运转提供理论支持。

在金融方面，研究将关注经济法对金融体系的监管作用，包括银行法、证券法、保险法等方面的规范和引导。这方面的研究有助于深刻理解经济法如何维护金融市场的稳定和健康发展，从而为金融领域的法律改革提供实证基础。

（二）研究的时间跨度

时间跨度在理解经济法在不同时期的变迁和影响方面具有关键意义。通过时间跨度可以使我们更好地把握经济法在经济中的演进轨迹，深入理解其对经济发展的长期影响。

第一，研究将关注经济法在不同时期的发展，从而揭示不同时期经济法的演变过程。通过对不同时期法律文本、政策法规以及相关案例的分析，我们能够追溯经济法在特定背景下的制度构建和调整，了解其在不同经济形势下的角色和功能。这有助于构建一个丰富的历史视角，为解释当代经济法的特征和问题提供深刻的历史背景。

第二，研究还将关注当代经济法的现状和趋势，以便更全面地把握其对当前经济的实际影响。通过对当代法律框架、政策实施以及相关案例的深入研究，我们能够洞察经济法在当前社会背景下的实际运作和效果。这有助于把握法律对当代经济运行的引导作用，为当代经济体系的理论和实践提供实证支持。

二、研究的局限性和未来方向

（一）研究的局限性

在进行研究时，我们必须识别并确认可能存在的局限性，以保持对研究结论的适用范围的理性认识。

其一，数据不足是一个潜在的局限性。尽管我们会采用尽可能全面和多样的数据源，

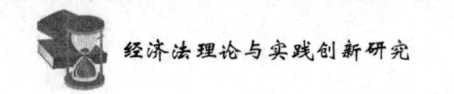

但某些领域的数据难以获得或不完整,可能影响我们对特定问题的全面解析。在此情况下,我们将在研究中明确指出数据的不足之处,以提醒读者对结论的解释谨慎对待。

其二,方法限制也是需要考虑的局限性。研究所采用的方法可能受到时间、资源和技术等方面的限制,导致在某些方面的深入探讨受到阻碍。我们将公正地揭示采用的方法的局限性,并说明这些限制对研究结果的潜在影响。这样的透明性有助于读者理解结论的形成过程,并在使用研究结果时考虑到方法上的潜在限制。

其三,研究的局限性还可能涉及理论框架的选取和研究范围的限制。我们将明确指出研究所采用的理论框架的范围和适用条件,并对研究的具体领域进行限定。这样的局限性有助于读者理解研究结论的适用性,并在将研究成果应用到实际场景时保持谨慎。

(二)未来研究的拓展

通过强调研究的限制性,我们对未来深入研究经济法与实践关系进行了深入思考。

第一,对于数据不足的问题,未来的研究可以致力于寻找更为全面和多样的数据源,通过深入挖掘现有数据和引入新的数据来源,以更全面、深入地理解经济法在实践中的作用。这包括开展更广泛的实地调研、深入参与相关产业和机构,以获得更具实证性的数据支持。

第二,对于方法限制,未来的研究可以探索新的研究方法和技术手段,以弥补目前研究所存在的一些限制。例如,可以考虑引入更先进的数据分析技术、模型建构方法,或者采用跨学科的研究方法,以获取更为全面和深刻的研究结论。此外,可以加强与业界的合作,充分利用行业内的专业知识和资源,从而提高研究的实际应用性和可操作性。

第三,对于理论框架和研究范围的限制,未来的研究可以进一步探讨和拓展不同理论框架在经济法与实践关系研究中的适用性。通过引入更多的理论视角,可以深化对经济法作用机制的理论理解,并促进学科之间的融合。同时,可以考虑扩大研究范围,涵盖更多的国家、地区和产业,以建立更为普适的理论框架和模型。

第四节 研究方法与途径

一、研究方法

(一)法律文献调查与案例分析

1. 法律文献调查

在研究中,笔者采用系统性的方法进行法律文献调查,以全面了解经济法在不同领域中的制度构建和实际应用情况。通过仔细检索法学期刊、法律评论、政府文件等多源头的资料,笔者收集与经济法相关的理论性文献和实证性研究,以建立对经济法理论基础的全面认识。这一调查将有助于确立我们研究的理论框架和基础,并为后续的定量与定性研究

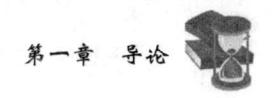

提供实证支持。

在调查过程中,笔者特别关注法学期刊和法律评论中的研究论文,以深入了解学界对经济法的理论探讨。同时,笔者审阅政府文件,以了解相关法规的制定和实施情况,从而深刻理解经济法在实际操作中的具体影响。

这种系统调查的方法使我们能综合各类文献,深入挖掘经济法在市场经济、企业经营管理和可持续发展等方面的具体应用和创新。通过对各领域的案例分析,本书总结出一系列成功经验和未来发展趋势,为经济法研究者和从业人员提供参考。

2.实际案例分析

通过深入分析实际案例,笔者深度挖掘经济法在实践中的应用情况,选取典型的法律案例,涵盖市场经济、金融体系、企业经营等多个领域。

在市场经济方面,笔者聚焦于具有代表性的市场行为案例,探讨经济法是如何规范市场主体行为、促进公平竞争、防范不正当竞争等方面发挥作用的。

在金融体系领域,笔者选取金融法律案例,关注法律在监管金融机构、保护金融消费者、防范金融犯罪等方面的实际应用。

在企业经营管理方面,笔者关注公司法、劳动法、合同法等相关法律案例,深入研究法律如何规范企业的组织结构、经营活动、雇佣关系、商业合作等方面。

(二)定量与定性研究方法

1.定量研究

采用定量研究方法,笔者致力于建立经济法与实践之间关系的量化模型,以深入分析法律对经济的具体影响。这一研究方法旨在通过构建合适的指标体系,运用统计学方法对大量数据进行分析,从而量化经济法在不同领域对经济的影响程度。通过这一方法,我们能够在更宏观的层面上理解经济法的整体作用,并发现其中可能存在的潜在模式和趋势。

其一,建立一个全面的指标体系,包括市场经济、金融体系、企业经营管理和可持续发展等多个方面的经济法相关指标。这些指标涵盖法规的覆盖范围、执行力度以及实际效果等多个层面,以确保研究的全面性和深度性。

其二,通过收集大量的实证数据,对这些指标进行定量化分析。采用统计学方法,如回归分析、相关性分析等,可以量化不同经济法要素对相关领域的影响程度。这有助于识别经济法在特定环境下的实质性作用,并进一步理解经济法的推动力和制约因素。

通过定量研究,我们可以深入了解不同领域中经济法的具体效果,发现经济法在实践中可能存在的问题和挑战。这将为政策制定者提供更有针对性的建议,帮助他们更好地调整和改进经济法体系,以促进经济的可持续发展。

2.定性研究

结合定性研究方法,笔者通过深度访谈、案例分析等手段,深入挖掘法律与实践关系的细节和特殊情境。这一研究方法旨在通过质性数据的收集和分析,深入理解经济法在实际应用中的复杂性和多样性,以及法律对不同个案的具体影响。

通过深度访谈，与法律专业人士、从业者以及相关领域的专家进行面对面地交流，以获取他们在实际工作中对经济法的看法和经验。这将有助于捕捉经济法实际应用的细节，理解经济法在具体情境下的实质性作用。深度访谈也能够提供更为丰富的信息，包括经济法执行中的挑战、成功的实践经验以及经济法在不同行业和地区的适用性差异。

同时，通过案例分析，挑选一系列具有代表性的实际案例，涵盖市场经济、企业经营管理、金融体系等多个领域。通过详细的案例分析，我们能够深入剖析经济法在每个案例中的实际影响，揭示其在解决具体问题和应对挑战时的实际运作情况。这有助于理解经济法在不同环境下的灵活性和适应性，以及经济法对个别案例的独特影响。

二、研究途径

（一）不同国家或地区的经济法应用情况

在研究中，笔者采用比较研究法，探究不同国家或地区的经济法应用情况，以揭示其异同之处。通过对比不同国家或地区的法律体系、法规实施和相关经济活动的差异，可以深入理解经济法在不同文化和制度背景下的作用机制。这样的比较分析有助于为跨文化理解提供基础，同时拓展我们对经济法与实践关系的全球视野。

首先，比较不同国家或地区的经济法体系。这包括了法律框架的建立、法规的制定和修改过程，以及经济法律体系的整体结构。通过这一方面的比较，我们可以发现不同国家或地区在法律体系设计上的理念差异，以及法规制定的政治、经济和社会背景对法律体系的影响。

其次，深入比较不同国家或地区对经济法的实施情况。这涵盖了经济法执行的力度、执行效果以及执行机构的角色。通过比较实际执行过程，我们可以了解经济法在实际操作中的差异，以及执行力度对经济活动的影响。

最后，关注不同国家或地区的相关经济活动，如市场经济的运作、企业经营管理和可持续发展等方面。通过比较这些活动在经济法制度下的运行状况，我们可以明确经济法对经济活动的具体影响，以及在不同文化和制度环境下，法律如何塑造和影响经济发展。

这一比较研究法的应用将为我们提供深刻的洞察，不仅有助于理解不同国家或地区的经济法应用差异，也为全球范围内的经济法研究提供了更为广泛的视角。

（二）案例分析

通过案例分析方法，笔者深入研究法律在实际经济案例中的作用，以获取对法律实际运作的深刻理解。在选择典型的经济案例时，关注市场竞争和合同纠纷等方面，通过详细的案例分析，揭示经济法在具体实践中的影响路径和效果。这种方法不仅有助于为理论研究提供具体案例支持，还能使研究更具实证性和可操作性。

第一，选择市场竞争方面的案例，深入研究经济法在规范市场行为、促进公平竞争、防范不正当竞争等方面的实际效果。通过对案例中的经济法规定和执行情况的细致剖析，我们能够了解经济法在塑造健康市场秩序、维护市场公正运行中的具体作用。

第二，关注合同纠纷方面的案例，深入探讨经济法在规范合同关系、解决纠纷和保护当事人权益等方面的实际效果。透过案例分析，我们能够深入了解经济法在合同法律关系中的实际运作，发现经济法在解决商业合作中的挑战和问题时所发挥的作用。这有助于我们更具体地把握经济法在商业领域中的实际应用情况。

第二章

经济法基本理论概述

第一节 经济法定义与特征

一、经济法的定义

（一）经济法的含义

经济法是一门深入研究社会经济关系法律规范及其实施机制的法学科目。广义上，它涵盖了调整经济主体行为的法律规范以及与经济活动相关的法律体系，构成了一个复杂而多层次的法律网络。在这个经济法学领域中，国家通过制定一系列法律规范，旨在规范市场经济秩序、保障公平竞争，以及调整资源的配置关系，从而推动社会经济的健康发展。

经济法的核心目标之一是通过法律手段调整和规范市场主体的行为。这涵盖了多个法学分支，如合同法、公司法、劳动法等，这些法律规范的制定旨在确保市场主体在经济活动中遵守规则，维护社会经济秩序的正常运转。此外，经济法注重保护市场弱势主体的权益，关注消费者、劳动者、小微企业等群体，通过法律手段促使社会公正，达到平等互利的效果。

在经济法的定义中，特别强调了其国家导向，即国家为了实现对市场经济的规范而制定的法律体系的总称。这体现了国家对社会经济关系进行调整、引导的责任，通过法律的手段来保护市场主体的权益、维护公平竞争的环境。同时，这也使经济法的研究具有一定的国家法学特色，与国家法制建设和法治社会的发展密切相关。

（二）经济法的内涵

1.法律规范调整的经济关系

经济法聚焦于调整经济关系，即在生产、分配、交换等经济活动中所形成的多种法律关系。其中包括合同法、公司法、劳动法等法律规范，它们构成了经济法的基石。这门法学科目通过这些法律规范的制定和实施，旨在调整和规范市场主体的行为，以确保社会经济的正常运作，促进公平竞争，维护各方当事人的合法权益。

其一，合同法是经济法领域中的一个重要组成部分。合同作为一种法律工具，规范了经济主体之间的契约关系。合同法的制定旨在确保合同当事人在经济交往中遵循诚实守信的原则，强调契约自由、平等互利的基础。通过对合同的法律规范，经济法有效调整了市场主体之间的合作关系，维护了市场秩序的稳定性。

其二，公司法是经济法的又一重要组成部分。公司法规范了企业组织与管理的法律体系，涉及公司的设立、组织形式、内部管理、对外合作等方面。通过公司法的规范，经济法调整了企业与股东、员工、合作伙伴之间的权利与义务关系，确保了企业合法运营，促进了企业的发展与繁荣。

其三，劳动法也是经济法领域的重要组成部分。劳动法规范了雇佣关系，关注雇员与雇主之间的权利义务，保护劳动者的基本权益，维护劳动关系的稳定。通过劳动法的制定，经济法调整了企业内部的劳动关系，保障了劳动者的权益，营造了公正和谐的劳动环境。

2.保护弱势市场主体权益

经济法的一个重要目标在于通过法律手段，有力地保护市场中的弱势主体权益，从而维护社会的公正和平等。这一目标广泛涵盖了对各类弱势群体，如消费者、劳动者、小微企业等的法律保护。在这个背景下，经济法通过多方面的法律规范和机制来实现对弱势市场主体的关注和支持。

第一，对消费者权益的保护。经济法通过消费者权益保护法等法律规范，规定了消费者在购买商品和服务过程中的权利和义务，要求商家提供真实、清晰的商品信息，确保商品的质量和安全。此外，消费者在交易中享有的退换货权、维修权等也得到了法律的保障。这些法律规范旨在平衡市场主体之间的力量，保护消费者在市场中的合法权益，确保市场秩序的公平和有序。

第二，对劳动者权益的保护。劳动法通过法律规范明确了劳动者的基本权利，包括但不限于工资、工时、休息休假等方面的权益。经济法通过设定最低工资标准、规定劳动合同的签订和解除条件等来保护劳动者的基本权益，助力建立公正的雇佣关系，避免弱势劳动者受到不当侵害。

第三，对小微企业的法律支持。小微企业通常面临资金短缺、市场竞争压力大等问题，因而被视为市场中的弱势主体。经济法通过一系列法律手段，如简化注册程序、提供税收优惠政策等，降低其在市场中的经营成本，提高其生存和竞争能力。

（三）经济法的外延

1.法律主体

经济法中的法律主体不仅限于国家一方，还广泛包括各类市场主体，如企业、个体工商户等。在这个法律体系中，法律主体既享有一定的权利，又承担相应的义务和责任，形成了复杂而有序的法律关系网络。

国家作为一个重要的法律主体，在经济法中扮演着引导、规范和调控的角色。国家的法律权力主要体现在对市场经济秩序的制定和维护上，旨在保障公平竞争、维护社会稳定。国家通过法律手段，如制定反垄断法、劳动法等，来规范各类市场主体的行为，确保市场经济的公正运行。

企业作为市场中的经济实体，其合法性、权益和义务受到经济法的规范和保护。企业在市场竞争中需遵守法定的市场规则，履行相应的社会责任，同时享有在法律框架内的经营自由和合法经营的权利。个体工商户作为小规模市场主体，同样在经济法的体系下享有一定的法律地位和权益。

在这一法律体系中，法律主体的权利不是孤立存在的，相应地，也伴随着一系列的法律义务和责任。国家在行使法律权力的同时，需要遵循公正、合法的原则，确保法治原则的贯彻。企业在追求自身利益的同时，也需要遵守法定的经济规则，承担社会责任，以维护整个市场秩序的稳定。

2.国际经济法

随着全球化的不断发展，经济法的影响逐渐超越国界，进入跨国范围，形成了国际经济法这一重要领域。在国际经济法中，国际贸易法和国际投资法等子领域扮演至关重要的角色，共同构建了一个复杂而庞大的法律体系。

国际经济法旨在规范和引导国家之间的经济交往，促进全球范围内的公平竞争和资源的有效配置。国际贸易法作为国际经济法的一部分，主要关注跨国贸易关系，通过建立贸易规则、解决贸易争端等方式，促进各国在经济领域的合作与交流。这包括国际贸易协定、关税和非关税壁垒的协调与规范，旨在打破贸易壁垒，促进全球贸易的自由化和便利化。

国际投资法是国际经济法的另一支重要支柱，旨在调整和引导国家间的跨国投资活动。通过国际投资协定和双边投资协定等法律工具，国际投资法试图为投资者提供在不同国家间进行投资时的法律保护，确保投资的安全性和合法性。这种法律体系还涉及对投资争端的解决机制，以保障投资者权益。

国际经济法的形成和发展不仅反映了全球经济一体化的趋势，也是各国为维护自身利益、促进合作而进行的法律协商和制定的结果。在这一法律框架内，各国的主体地位相对平等，通过协商和谈判达成共识，构建了一系列旨在促进国际经济合作的法律机制。

二、经济法的特征

（一）立法的前瞻性

1.市场变革的适应性

经济法作为一个动态的法学科目，需要具备强大的前瞻性，以适应市场的不断变革。市场经济的不断演进和新形势的出现对经济法提出了更高的要求，要求其能够灵活应对各种挑战，确保法律体系的有效性和可持续性。

随着全球经济的快速发展和技术的飞速进步，市场结构、交易模式、经济主体等方面都发生了翻天覆地的变化。这就要求经济法在法律规范方面具有敏锐的嗅觉，能够在市场发生重大变革时快速作出相应的法律调整。只有通过不断更新和完善法律框架，经济法才能保持与市场的同步发展，确保法律的切实可行性。

适应市场经济的新形势，经济法不仅需要关注传统经济领域的法律问题，还需要关注新兴领域，如数字经济、共享经济等。这些新形势给经济法带来了新的挑战和机遇。例如，数据隐私、网络安全等问题在数字经济时代变得尤为突出，经济法需要不断完善相关法规，保障市场主体在数字经济中的权益。

在法律的制定和调整过程中，要充分考虑市场的实际运作情况，听取各方意见，确保法律规范符合市场的内在规律。灵活的法律机制能更好地应对市场的不确定性，保障市场的公平竞争和良好秩序。

2. 创造性和调整性

经济法作为法学科目具有双重的使命，一方面需要在市场经济的不断演进中创制性地制定新的法律规范，另一方面要在实践中持续进行调整，以确保法律体系能够灵活应对不断变化的经济环境，同时保持其稳健性和可持续性。

其一，经济法在市场经济发展中扮演了创制性的角色。随着社会的发展和经济形势的变化，新的经济关系和市场行为不断涌现，需要法律及时制定相应规范，以适应新的市场现实。这种创制性的工作要求经济法学者深入研究市场运作机制、经济主体之间的关系，紧密关注社会发展的趋势，以便更好地制定与时俱进的法律框架。创制性的法规不仅要反映市场经济的本质和原则，还要促进公平竞争、保护各方权益、维护市场秩序等。

其二，经济法需要保持调整性，以应对市场变革和法律实践的挑战。市场经济是一个动态的系统，法律规范必须不断调整以适应经济发展的新要求。调整工作涉及对既有法律体系的评估，发现其中存在的不足和问题，并通过法律修订、完善，加强对市场主体行为的监管，强化法律的执行力度。在调整的过程中，经济法应当充分借鉴国际先进法律经验，吸纳相关领域的创新理念，以确保法律调整是全面、科学、合理的。

因此，经济法的创制性和调整性工作相辅相成。创制性是为了保持法律的及时性和先进性，满足经济新形势下的法治需求；调整性则是为了应对市场在实际运行中出现的问题，不断提高法律的适应性和可操作性。

（二）保护与调控的平衡

1. 市场主体平等权利

经济法的一个重要目标是确保市场主体在经济活动中享有平等的法律地位和权利。这一目标通过多个法律领域的规范来实现，其中包括合同法和反垄断法等。通过这些法规，经济法旨在维护市场主体之间的平等关系，促使公平竞争成为市场经济的基本准则。

合同法作为经济法的核心领域之一，通过规范合同关系，保障了市场主体在经济交往中的平等地位。合同是市场经济中各方之间约定的法律文书，明确了各方的权利和义务，为市场主体提供了相对平等的交易环境。合同法的规范使合同关系更加公正、透明，有助于维护市场主体的合法权益。

另一方面，反垄断法是经济法体系中保护市场竞争的重要法律工具。反垄断法的核心在于防止市场主体滥用市场支配地位，打破垄断局面，从而维护其他市场主体的平等竞争权利。这有助于确保市场上存在多个独立、自由竞争的市场主体，防止某一市场主体通过不正当手段垄断市场，损害其他参与者的合法权益。

经济法通过这些规范的制定和实施，旨在构建一个基于平等原则的市场秩序。通过规范市场主体之间的交往，经济法为市场经济提供了有序的法律框架，使市场主体在经济活动中能够更加平等地享有权利，推动市场竞争的公平、有序进行。

2. 国家干预的合理性

在经济法领域，国家的干预并非简单的行为限制，更是一种有针对性的调控手段，旨在解决市场失灵问题，维护公共利益，以确保市场经济的稳定运行。这种国家干预的合理性在于对市场机制的必要补充和调整，以满足社会对公平竞争和资源合理配置的期望。

第一，国家干预是对市场失灵问题的一种应对措施。市场在理论上被认为是一种高效的资源配置机制，但在现实中，市场机制并非始终能够有效运作。市场存在信息不对称、外部性、公共物品等问题，这导致市场无法完全自我调整，产生了市场失灵。为了弥补市场的不足，国家通过经济法的规范和干预来纠正市场失灵，确保市场能够更好地实现资源的有效配置和社会福利的最大化。

第二，国家干预是为了保护公共利益。市场经济中存在一些活动可能对整个社会产生负面影响，如环境污染、垄断行为等。为了维护公众利益，国家通过经济法的手段介入市场，规范企业行为，确保其在追求经济利润的同时不损害公众福祉。反垄断法、环境法等是经济法体系中关注公共利益的重要法律工具，通过对市场主体行为的监管，国家干预旨在协调私人经济活动与公共利益的关系。

第三，国家干预是为了维护市场经济的稳定。市场经济的稳定是社会经济持续健康发展的前提。在市场波动较大或出现系统性风险时，国家通过经济法的手段进行干预，调整市场秩序，防范经济危机的发生。货币政策、金融监管等方面的法规都是国家为维护市场经济稳定而制定的经济法规。

（三）法律责任的确定性

1. 明确的违法与责任

通过为市场主体提供明确的法律框架，经济法不仅界定了合法行为的边界，而且对于违法行为提供了一套明确的法律责任体系，以确保法律制度的可操作性。这一法律框架的建立旨在促进市场经济的有序运作，保障各方当事人的权益，同时维护整个社会经济秩序的稳定和公正。

其一，经济法通过制定一系列法律法规，如合同法、公司法、劳动法等，为市场主体提供了在经济活动中进行合法交往的明确规则。这些法规规定了各类市场主体在市场经济中的权利和义务，从而为各方当事人的合法经济行为提供了法律依据。市场主体可以在这一明确的法律框架内合法开展经济活动。

其二，经济法对违法行为进行了明确的法律责任规定。在法律框架下，经济法规定了一系列禁止性规定，禁止市场主体从事欺诈、垄断、不正当竞争等违法行为。这些规定为市场主体的行为设定了明确的底线，保护了市场经济的公平竞争环境。同时，存在违法行为的市场主体将受到法律制裁，包括但不限于罚款、责任追究、刑事处罚等，从而形成了一套有力的法律威慑机制。

其三，经济法为维护市场经济的稳定和公正，确保法律制度的可操作性，规定了违法行为的相应法律责任。这不仅为受害方提供了救济途径，也促使市场主体更加谨慎地开展经济活动。通过对违法行为的明确界定和法律责任的规范，经济法为市场主体提供了有力的法律支持，保障了市场经济秩序的稳定、公正和可持续发展。

2. 司法透明度

在经济法的执行过程中，司法透明度是确保法律制度有效运行的关键要素。司法透明度旨在使市场主体能够清晰了解法律的适用和司法机关的判决标准，从而在市场经济中创造公平竞争的环境，维护法治原则。

第一，司法透明度要求在经济法的实施中建立明确的法律程序和规则。这包括对于法律适用的清晰解释以及司法机关如何处理经济争议的规定。这样的明确性有助于市场主体充分了解他们的权利和义务，减少了法律适用的不确定性，为合法行为提供了可预见性。

第二，司法透明度强调信息的公开与透明。在经济法的执行中，司法机关的决策和判决应当对公众进行适当披露，以确保市场主体了解司法过程和判决的依据。这种公开透明的做法有助于建立法治信任，促使市场主体更愿意依法履行义务，也提高了市场主体对司法公正性的认可。

第三，司法透明度要求建立有效的司法监督机制。通过独立的监督机构或程序，监督司法机关的执行行为，确保其在经济法领域的工作符合法律精神，不受到非法干预。这种监督机制的存在不仅有助于防范滥用权力，还可以加强司法公信力，为市场主体提供更有公信力的司法环境。

第四，司法透明度要求及时更新法律法规，以适应经济环境的变化。随着市场经济的发展，经济法需要与时俱进，针对新情况和新问题及时进行调整和修订。这有助于维持法律的现代性和有效性，保持司法透明度的实质性作用。

（四）综合性与系统性

1. 经济法体系的协同性

经济法并非孤立存在的学科，而是构成了一个多元而综合的法律体系，其核心特征在于各个分支法律的协同作用。这一综合性体系包括但不限于公司法、税法、金融法等多个法律分支，这些法律分支之间相互交织、相互影响，形成了一个协同运作的经济法体系。

公司法是经济法体系中的重要组成部分。公司法旨在规范和管理企业组织和运营，确保公司的合法性、公正性和透明度。在经济法体系中，公司法与其他法律分支密切相关，如劳动法、合同法等，形成了对公司行为全面调控的法律框架。通过公司法，经济法体系

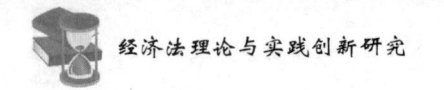

能够更好地适应不断变化的市场需求，维护市场秩序的稳定和公平。

税法是经济法体系的另一支柱。税法规定了国家对市场主体征收的各类税收，并通过税收政策引导和调整市场资源的配置。在经济法体系中，税法与财政法、金融法等法律分支形成了协同关系，共同构建了税收制度和经济金融体系。这种协同作用有助于实现税收的合理征收，促使市场主体合规经营，从而维护了税收和财政的稳定。

金融法作为经济法体系中的关键组成部分，与银行法、证券法等相互交织，形成一个完整的金融法律框架。金融法在协同作用中不仅规范了金融机构的经营行为，也为其他经济法分支提供了融资和投资的法律基础。通过金融法，经济法体系得以促进金融市场的健康运作，维护金融体系的稳定。

2.经济法体系的系统性

经济法对法律体系提出了明确的要求，强调其必须具备系统性，即各法律规范之间应当建立起内在的逻辑关系，形成一个有机而完整的整体。这种系统性是经济法体系能够全面、协调地调整和规范经济活动的基础。

一方面，法律体系的系统性在于各法律规范之间的内在逻辑关系。不同的法律规范在经济法体系中有其特定的定位和功能，彼此之间存在着紧密的内在联系。以合同法和公司法为例，二者在规范市场主体行为方面有交叉之处，但也各自强调不同的法律关系。通过建立合同法与公司法之间的内在逻辑关系，经济法体系可以更加清晰、有机地调整企业的经济活动，确保市场秩序的稳定。

另一方面，法律体系的系统性要求各法律规范共同构建一个有机的整体。在经济法体系中，公司法、税法、金融法等不同分支相互关联，构成了一个相对独立却相互依存的法律网络。公司法规范企业内部组织和运作，税法从财政角度对市场主体征收税收，而金融法则提供了金融体系的法律基础。这些法律规范共同构建了一个有机整体，为经济法体系提供了全面而协调的法律保障。

法律体系的系统性还要求对整个经济法体系进行动态调整和完善。随着社会经济的不断发展和变化，经济法体系需要及时调整以适应新的情况。例如，在科技迅速发展的时代，电子商务等新型经济活动的涌现需要经济法及时创制新的法律规范，以保障市场主体权益。

第二节 经济法发展历程

一、经济法的产生背景

（一）经济法产生的历史条件

1.社会物质生活条件的发展

经济法的形成与其他法律部门一样，是在一定的历史条件下逐步形成的。历史唯物主义观点认为，法律关系的产生与社会物质生活条件的发展密不可分。随着社会的物质生活条件逐渐发展到一定的阶段，对于这些条件的保护和调整就需要相应的法律规范。早期成文法的出现可以追溯到公元前二十世纪的西亚地区，亚述王朝制定的《亚述法典》即为最早的例子之一。这一历史节点标志着经济法的雏形在人类社会中初次显现。

随着时间的推移，经济法体系逐渐演变，各类成文法在不同文明时期相继涌现。公元前十八世纪的《汉穆拉比法典》以及公元前五世纪的《十二铜表法》等法典，明确规定了财产权、契约、债务等经济问题，为社会经济关系的调整提供了具体的法律基础。即便在古希腊和古罗马时期，对奴隶社会经济关系的法律规定也是存在的，其中最有代表性的是公元六世纪东罗马帝国国王查士丁尼编纂的《查士丁尼国法大全》。这部法典集大成了罗马法，对所有权、役权、契约等作了较为详细的规定，成为调整奴隶制社会经济关系最完备的成文法律。

尽管这些早期法典在法律内容和时代背景上存在差异，但它们有一个共同的特点，即将法律调整社会关系的形式采用了"诸法合体"的方式，而不是根据不同对象划分法律部门。这反映了当时社会以自然经济为主导，工商业经济未发达的特点。

2.资本主义的崛起与法律体系的演变

随着历史的不断发展，人类进入资本主义时期，经济关系发生了翻天覆地的变化。在自由资本主义时期，法律体系依然采用了"诸法合体"的形式。然而，随着资本主义的不断崛起和发展，这种法律形式逐渐显得无法满足不断复杂化的商品经济的需求。特别是随着资本主义进入垄断阶段，经济关系变得更加复杂，社会矛盾逐渐尖锐化，这促使了国家对经济关系进行更为积极的干预。

资本主义的垄断阶段对经济体系提出了新的要求。由于资本高度集中、垄断组织的出现以及垄断资产阶级对原料和市场的独占，社会面临着新的挑战。无限制的自由竞争和生产的无政府状态可能对资产阶级的统治构成威胁，因此，资本主义国家开始意识到有必要在上层建筑的各个领域直接介入，通过国家机器对经济进行更加积极的调控。这种国家干预的需求催生了新的法律体系，以国家干预经济为特征，形成了现代资本主义社会中的经济法律体系。

资本主义国家通过颁布各种经济法律规范，直接参与和引导社会的发展方向，从而维护和促进资产阶级的统治。这一时期经济法律体系的演变标志着法律体系不再简单地以"诸法合体"的形式存在，而是开始分化为不同的法律部门，为国家对经济关系的直接控制提供了法律基础。资本主义国家的干预不再是一种单纯的限制，而是为了解决市场失灵问题，保护公共利益，维护整个市场经济的稳定。

（二）资本主义国家对经济关系的干预

1.自由资本主义时期的经济法

在自由资本主义时期，资本主义国家坚持"自由放任主义"的立场，将自愿和平等作为其主要标志。这一时期的经济法在很大程度上受到了相应的削弱，因为自由竞争被视为经济体系的主导特征。自由放任的理念强调市场自我调节和自由竞争的原则，认为市场中的个体能够通过竞争实现最优的资源配置，从而实现整个社会的繁荣。

然而，随着资本主义的发展，自由竞争逐渐演变为垄断。资本的集中和垄断组织的出现导致了市场不再是自由竞争的天地，而是受到少数大公司的操控。这种变化使原有的自由放任主义时期的经济法无法有效应对新的经济形势。垄断引发了更为复杂的经济关系，社会矛盾逐渐加剧，原有法律体系的弊端暴露无遗。

2. 垄断资本主义与国家干预

随着资本主义进入垄断阶段，资本主义国家深刻认识到无限制的自由竞争可能对资产阶级的统治构成威胁。在这一时期，资本主义的发展已经导致了资本的高度集中和垄断组织的兴起，这使得市场不再是自由竞争的天地，而是受到少数大公司的操控。为了维护资本主义的发展，防范社会矛盾的尖锐化，资本主义国家采取了更为积极主动的态度，通过直接运用国家机器对经济进行干预，成为经济法发展的新特点。

这种干预的主要手段是通过颁布各种经济法律规范，实现国家对经济发展方向的控制。经济法律的制定和调整成为资本主义国家在经济领域施加直接影响的方式。这些经济法规范包括但不限于公司法、税法、金融法等。通过这些法规，国家明确了对市场主体行为的规范，调整了资源配置关系，以达到维护资本主义体制、促进经济稳定的目的。

垄断资本主义时期国家对经济的干预，标志着资本主义国家由过去的"自由放任主义"阶段逐渐向"国家干预主义"过渡。这一转变对经济法体系产生了深远的影响，使其不再仅仅是为了保护自由竞争的法律体系，而更多地成为国家直接参与和引导经济运行的工具。这也为后来经济法的进一步发展奠定了基础，使其更好地适应垄断资本主义的经济结构。

3. 经济法的产生

资本主义国家不仅深入介入经济领域，而且将其统治触角延伸到社会的上层建筑各个领域。在这一过程中，直接运用国家机器为经济利益服务成为资本主义国家的主要手段之一。这种趋势导致了新的法律部门的产生，即以国家干预经济为特征的经济法。

经济法的新产生源于资本主义国家对社会私人经济活动的直接干预的需要。这一时期的国家干预不再限于单一的经济关系，而是在法律体系中形成了更为完备的、专门调整经济关系的法律部门。经济法的产生反映了国家在经济领域发挥更为积极角色的需求，以确保资本主义体制的顺利运行和资产阶级的长期统治。

这一新法律部门的出现标志着法律体系的演变，从过去简单的"诸法合体"逐渐分化为专门的法律分支，以更好地适应社会经济关系的复杂性。经济法的产生不仅是对过去法律体系的补充，更是对新的经济形势的适应，为国家更为主动地干预和引导经济提供了法律基础。这种法律部门的产生为经济法的后续发展奠定了基础，使其成为一个独立而完备的法学领域。

二、中国经济法的现代化发展

现代经济法的出现离不开瞬息万变的社会变迁。现代经济法以传统经济法为根基，融合时代特点和元素，更加适应国家的发展与国情现状，有利于国家对社会进行科学管理。但中国经济法仍然存在一些基本理论问题，比如其现代化与本土性等问题，需要对其进行深入思考，促使其不断发展。

（一）传统经济法向现代经济法的转变

1.传统经济法的特征

传统经济法的形成与国家政治、文化等多方面因素有关，但其最显著的特征是体现了危机对策法的本质。传统经济法在特定时期内具有完全理性假设、全面干预和经济控制权集中等特征。这一阶段的经济法以其独特的理论观念和实践特征对社会经济进行规范。

第一，完全理性假设是传统经济法的一个显著特征。传统经济法认为理性在社会建设和发展中拥有至高无上的地位。其理论基础在于，如果人们能达到完全理性状态，就能全面掌控社会的方方面面，实现对社会的有效管理。这一特征充分运用了法哲学认识论的知识，将理性视为最为重要的决策指导原则。

第二，全面干预特征是完全理性假设的发展和延伸。传统经济法认为，政府中的人员如果能达到完全理性状态，就能对社会进行全面干预，左右社会的发展方向。这在某种程度上反映为国家对经济的全面计划和控制。

传统经济法的特征尽管在一定时期内发挥了一定的作用，缓解了经济危机，但在社会迅速发展的过程中逐渐显现出其局限性。随着社会的不断进步，传统经济法所依赖的理论和实践框架已经不再适用。因此，现代经济法的出现成为必然趋势，以更为科学和灵活的方式应对当代复杂的经济挑战。

2.现代经济法的特征

现代经济法在形成和发展过程中，积累了对政府干预和市场等方面的深刻认识，具有更全面、更具适用性的特征。其核心特征包括有限理性假设、政府适度干预和经济民主。

第一，现代经济法体现了有限理性假设的特点。社会发展的实践表明，人们无法全面控制社会发展，因为社会发展受到多方面因素的影响，而非由个体能够全面决定。在个体层面，人们很难做到完全理性，受到社会规则的制约，不能脱离社会体系的束缚。因此，现代经济法在理论体系中充分考虑了有限理性假设，更加符合实际社会发展的复杂性。

第二，现代经济法强调政府适度干预的特点。人们认识到政府不能完全主导市场的走向，无法独立完成资源配置的工作。

第三，现代经济法倡导经济民主的特征。在法律的制定过程中，要基于公众的基本情况，建立自由的对话机制，确保法律更好地适应时代的发展。我国在1978年开始实施改革开放，尽管当时对市场经济持怀疑态度。但在20世纪90年代，我国法律承认了市场经济体制，经济法在理论与实践方面得到了发展。

（二）中国经济法现代化的基本理论问题

1. 中国经济法的现代化与本土性

中国的经济法现代化与本土性相互交织，受到政治、经济等多方面因素的影响。在中国传统法律系统中，自然经济是经济基础，而在现代法律系统中，市场经济成为主导，使经济法的法治特点在现代更为明显。

中国经济法现代化的过程必须适应全球化的发展趋势，与国际发展水平相适应。在这一过程中，中国需要充分吸收其他国家现代经济法的先进经验，同时也要从中国本土法文化中汲取营养，在借鉴先进现代经济法的同时，需要考虑以下三个方面的问题：

第一，中国的社会主义市场经济体制与欧洲国家有相似之处，尤其在市场主体架构等方面存在共性。欧洲国家的经济发展经验可以为中国提供借鉴。中国可以从中吸取有益的经验教训，促进中国经济法的现代化发展。

第二，中国有着独特的法文化环境，使经济法的现代化难以与中国的实际情况完全适应。因此，在中国经济法现代化的过程中，需要综合考虑中国的文化传统，以确保法律体系更好地适应当代需求。

第三，一些传统观念可能阻碍了中国经济法现代化的发展。浓烈的等级氛围和人治观念可能在一定程度上影响了法治的建设。因此，中国在推进经济法现代化的同时，需要对这些传统观念进行深入反思，以促进法治理念的深入树立。

2. 中国经济法现代化体系的合理架构

中国经济法现代化体系的合理架构是在对传统经济法体系进行全面审视的基础上得以确立的。传统经济法体系根植于计划经济体制，指导思想未完全摆脱计划思维，影响了市场竞争的公平性。然而，随着中国经济的转型，经济法现代化体系崭露头角，其架构更为科学合理。社会主义市场经济体制成为其科学性的前提条件。

中国经济法现代化体系包括几个关键领域。首先是市场主体规制法，该领域着眼于在实践中维护国家与集体利益的同时对不同市场主体进行适度约束。在这一法律体系下，不同市场主体享有同等法律地位，但国家对其进行一定程度的监管，如企业市场准入制度和企业社会责任。市场主体规制法规范企业的运营活动，强调维护国家与集体利益。

其次，市场秩序规制法涵盖多个方面，包括反垄断法、产品质量法和反不正当竞争法等。这些法律规范旨在确保市场秩序的正常运转，维护公平竞争环境，促进经济的健康发展。

宏观经济调控与可持续发展战略保障法构成了经济法现代化体系的又一重要组成部分。这一领域包含金融法、能源法、国有资产管理法等多方面内容，以促进宏观经济稳定和可持续发展为目标。特别是在当今环境问题凸显的背景下，引入了可持续发展的概念，旨在保护生态环境，推动经济与环境共同进步。

最后，社会分配法涉及与部门经济法相关的内容，包括社会保障法和劳动法。在现代化发展中，劳动法更加注重保护劳动人员的权益，而社会保障法则体现了国家对社会分配实施的干预活动，成为现代经济法体系的重要组成部分。

3. 中国经济法现代化的价值体系

中国经济法现代化的价值体系在适应现代社会发展的同时，确保了经济法在中国的有效应用。社会生活的高度复杂性使经济法在制定过程中难以全面考虑各方面情况。中国经济法现代化的价值体系应当在社会公平和经济民主等方面充分展现。在社会公平方面，经济法应建立公平竞争机制，平等看待每个市场主体，确保其在市场活动中拥有平等的竞争机会；同时需要完善分配公平机制，合理分配社会资源，强调按劳分配原则，多种分配方式并存，以提高分配的公平性。此外，对于存在差异的个体，应注意正当的差别待遇。

然而，在社会发展中，快速经济发展与生存环境的倒退、社会贫富差距等矛盾关系也应得到关注。经济法现代化需要更多关注社会问题，而不仅仅注重经济利益。

在现代社会发展过程中，个体之间的差距逐渐扩大，特别是在财富等方面。经济法现代化在不断完善中应充分考虑这些因素，基于人道主义原则实行差别待遇，提升社会的公平水平。在分配步骤中，应以人们的实际情况为参考，对于弱势群体，通过社会福利等制度进行救济。具体实施差别待遇时，应关注贫困地区，制定相关法律以保护弱势群体的权利，采用多种手段帮助他们。通过解决社会中存在的问题，经济法现代化能够取得进步，从而推动国家经济的全面发展。这一体系的建设不仅需要法律层面的创新，更需要社会各界的积极参与和共同努力。

4. 经济法学方法论的变革与中国经济法的现代化

中国经济法在现代化发展过程中，需要深入研究经济法学方法论的有关内容，可以说，经济法学方法论对于中国经济法的现代化发展有着重要的指导作用。在经济法学方法论的研究变革中，要注意遵循马克思主义法学方面的方法内容，对经济基础与上层建筑之间的知识理论形成科学的认识，在前进的发展方向上坚持实事求是的原则。经济环境的状况影响着经济法的主要内容，比如经济体制若是有所改变，那么经济法的相关理论知识也要做出适当的调整。需要注意的是，经济法学理论知识除了对社会经济现实情况进行表现外，还需要具备一定的理论高度，便于引发人类的有效思考，推动社会的发展进步。在经济法学方法论研究活动中，还应注意将适合性、移植性特点进行相互融合，对于先进法学研究方法要善于借鉴其中的优秀部分。现代经济法学就吸收了先进的科学研究方法。在全球化背景下，一些欧洲国家在经济法学方法论方面的发展较为成熟，中国可以基于自身的实际情况，进行适当吸收，将其中适合的部分移植到中国自身经济法学的方法论体系中。另外对于经济法学方法论的研究活动，除了采用假设性方法外，还应注重结合实证，也就是搜集社会中存在的经济法律等相关内容，并对其进行全面分析，探讨经济法的定义、功能等内容，对经济法学进行完善。

第三节　经济法基本原则

一、主体自由

（一）自由市场原则

1. 市场竞争的基础

自由市场原则作为市场竞争的基础，突显了市场经济体制的核心理念。在这一原则的指导下，市场主体在经济活动中享有自主决策的权利，构建了一个允许自由选择的法律框架，使市场参与者能够在法规规范下灵活地进行经济行为，以最大化个体或法人的利益。这些自由市场的基础为市场竞争的充分展开提供了条件，从而推动了资源的高效配置、激发了市场的创新力和竞争力的提升。

自由市场原则的核心理念在于强调市场主体的自由权，无论是个体还是法人，在市场经济体系中都被赋予了决策的自主权。这种自由权不仅表现在经济活动的自由选择上，还包括对合同的自主订立，使市场交易关系更加自由和灵活。在法律框架下，市场主体在追求自身经济利益的同时，也需要履行合同义务，形成了有序而稳定的市场秩序。

市场竞争的基础就是市场主体的自由选择和自主决策。这一原则推动了市场经济的高效运转，为资源的有效配置创造了良好条件。市场参与者能基于个体或法人的利益最大化进行自由竞争，从而在市场上实现相对均衡的资源配置。这种自由选择的机制激发了市场的竞争力，推动了创新的不断涌现，为整个社会经济体系的发展提供了动力。

2. 自由竞争的推动力

自由市场原则在实现过程中依赖于自由竞争，这种竞争机制被认为是市场经济体系的推动力之一。自由竞争要求市场内存在多个独立的市场主体，它们在市场环境中通过自主竞争，通过供求关系自由决定价格和产量。这种竞争机制激发了市场主体的活力，促使他们不断提高效率、降低生产成本，并推动产品和服务的创新，最终实现市场的优胜劣汰，为整个经济体系带来健康发展。

自由竞争的推动力体现在市场主体之间的激烈竞争中。在这个竞争的过程中，市场参与者为了争夺市场份额和获得更多利润，不断改进生产技术、提高生产效率。这种竞争推动了经济的发展，促使企业采用更有效率的生产方式，从而降低了生产成本，使产品和服务更具竞争力。

自由竞争还鼓励产品和服务的创新。为了在竞争中脱颖而出，企业不断努力改进和创新，推动技术的进步。这种创新驱动的发展使市场不断涌现新产品、新技术，提升了整个社会的生产力水平。

此外，自由竞争还通过市场的优胜劣汰机制实现资源的有效配置。市场的竞争使那些无法适应市场需求、生产低效的企业逐渐被淘汰，而那些具有竞争力、高效率的企业得以生存和壮大。这种优胜劣汰的过程有助于确保市场资源得到最优化地配置，推动整个市场体系向着更加有效和健康的方向发展。

（二）合同自由原则

1. 合同自由的法律保障

合同自由原则作为主体自由的具体体现，在合同关系中扮演着重要的法律保障角色。这一原则旨在充分尊重市场主体的合同自由，鼓励市场主体在法律框架内自主订立和履行合同，为创造一个平等自由的市场环境提供法律基础。在合同自由的法律保障下，市场主体在合同订立和履行的过程中享有高度的自主权，同时也需要在法律规范下履行相应的责任，以确保合同关系的稳定和有序进行。

合同自由原则首先保障了市场主体在合同关系中的平等地位。合同自由要求合同各方在订立合同时处于平等的地位，不受强迫、欺诈等不正当手段的影响。这有助于确保合同关系的公平和公正，提升了市场的信任度和稳定性。

其次，合同自由原则通过法律的明文规定，规范了合同的订立和履行程序。法律对合同关系的形成、生效和解除等方面进行详细的规范，使市场主体在合同过程中有明确的法律依据。这不仅为市场参与者提供了法律保障，也促进了合同关系的有序进行。

合同自由的法律保障还体现在对合同解释和履行的规范上。法律对合同解释的原则、方法进行了明确规定，防止了合同条款的不确定性和模糊性。同时，法律对违约责任的设定，为合同的履行提供了有效的法律手段，确保了合同关系的稳定性。

2. 法律对合同自由的平衡调整

合同自由原则在市场经济中的实现受到法律的监管和调整，以确保在保障自由的基础上实现市场行为的平衡和调整。法律通过多种方式对合同自由进行规范，主要体现在规定必须履行的合同、规范合同订立和履行程序等方面，以维护市场的公平竞争秩序，同时不损害其他市场主体的合法权益。

第一，法律规定了必须履行的合同，以限制市场主体在某些方面的自由裁量权。例如，法律对于一些关系公共利益或弱势群体权益的合同，规定了必须履行的义务，以防止市场主体在追求自身利益的过程中损害其他相关方的合法权益。这种方式通过法定必须履行的合同内容，平衡了合同自由的范围，防止其过度滥用。

第二，法律规范了合同的订立和履行程序，明确了市场主体在合同关系中应遵循的规则。这包括了对合同成立的要件、形式、解释原则等的规定，以确保市场主体在合同关系中遵循一定的程序和规则，防止不公平的合同关系的形成。法律通过对合同程序的规范，有力地调整了合同自由的实践，确保了市场行为的公平性和合法性。

第三，法律通过对不正当竞争、垄断行为等的规制，防止市场主体在合同关系中采取不正当手段获取利益，从而维护了市场的公平竞争秩序。这种规制方式强调了在合同自由

的范围内，市场主体需要在公共利益和社会公平中寻求平衡，不得损害其他市场主体的正当权益。

二、合法权益保护

（一）财产权保护

1. 产权制度的法律确立

产权制度的法律确立是合法权益保护中的核心要素，经济法通过建立明确的产权制度，为市场主体提供强有力的法律保障。这一原则旨在强调对财产所有权及其相关权利的明确规定，以确保市场主体对其财产的合法拥有和充分行使权利。通过建立健全的产权体系，经济法不仅为市场主体提供了稳定的经济环境，也为其提供了充分的激励，促使其更积极地参与市场活动。

首先，产权制度的确立在于明确财产所有权的法律地位。法律规定了个体和法人对于其财产的所有权，明确了财产所有权的归属和范围。这种明确有助于消除不确定性，为市场主体提供稳定的产权关系，使其能够更加明确地了解和保护自身的财产权益。这一法律明确性有助于降低市场交易的风险，推动经济的良性发展。

其次，法律通过规定相关产权的行使和限制条件，对财产权进行了合理的制约和规范。例如，知识产权的保护就需要在保障创新的基础上，防范滥用和侵权行为，促使市场主体更加注重创新和技术进步。这种对产权的规范有助于维护市场的公平秩序，防止通过不正当手段获取财产权益。

最后，法律还通过对财产的转让和处置等方面进行规范，确保产权的合法有序流转。这包括了对合同的规定、对交易程序的明确定义等，以确保市场主体在产权交易中能在法律框架内进行，并保障其财产权益得到有效保护。

2. 财产不受侵犯的法律保障

财产不受侵犯的法律保障是经济法体系中的一项重要原则，旨在确保市场主体的财产权不受非法侵害。经济法通过对非法侵占、盗窃、抢夺等行为进行明确规定，并规定了相应的法律责任，为维护市场主体的正当权益提供了有力的法律保障。这一法律保障不仅在经济体系中维护了市场秩序的公正性和透明性，也为经济的持续健康发展提供了坚实基础。

第一，经济法通过规范非法侵占行为，对非法占有他人财产的行为进行了明确禁止。这有助于减少潜在的犯罪威胁，维护市场主体的合法财产权益，使市场环境更加安全和有序。

第二，经济法对盗窃行为的法律明文规定有助于消除市场参与者的担忧，使其更加愿意积极参与市场活动。法律的严明执行为市场主体提供了强有力的法律武器，使其在市场交往中能够更加放心，进而促进经济的繁荣。

第三，经济法对抢夺等行为的法律制裁也为市场主体的人身和财产提供了全方位的保护。这种法律保障有助于维护市场主体的生存和发展权利，为其提供更大的安全感，增强其在市场中的信心，推动市场的稳定运作。

（二）合法期权保护

1. 知识产权的法律确立

知识产权的法律确立是经济法体系中的一项关键原则，旨在通过法律手段对各类知识产权，如专利权、商标权等进行确切的法律确立，以强调对知识产权的合法性和独占性的全面保护。这一原则不仅为创新者提供了对其创造性劳动的产权保护，也积极鼓励更多市场主体进行科技创新，从而推动整个社会的科技进步。

首先，经济法通过法律手段确立了专利权的法律地位。专利权是一种对发明创造的法定保护，经济法通过专利权明确了专利权人对其创新成果的独占权利，保障了其在市场上的技术竞争优势。这为创新者提供了积极的创作激励，促使其更愿意投入到科技研发中，从而推动了整个社会的科技水平提升。

其次，商标权在经济法中也得到了法律确立。商标权的确立有助于保护市场主体在商品和服务中所使用的商标，防止他人的恶意抄袭和不正当竞争行为。经济法通过对商标的法律保护，营造了公平的市场竞争环境，激发了市场主体不断提升产品和服务质量的积极性。

最后，著作权等知识产权的法律确立也在经济法中得以体现。著作权的确立为创作者提供了对其智力劳动成果的法定权益，激发了文化、艺术和创意产业的繁荣发展，为市场主体提供了多元化的发展机会。

2. 创新激励与市场竞争

合法期权保护在经济法中的体现旨在激励市场主体进行创新，通过对专利权等的法律确认，为创新者提供一定的独占期权，从而推动市场的创新活力。合法期权的实施既保护了创新者的合法权益，又为市场竞争提供了必要的机制。

一方面，经济法通过确立专利权，赋予创新者在一定期间内对其发明或创意的独占权。这种独占期权不仅是对创新者的一种奖励，使其更积极投入到科技和文化创新中，同时也为其提供了一定的商业优势，有助于推动创新成果的快速推广和商业化。

另一方面，合法期权保护并未阻碍市场的正常竞争。尽管创新者在一定时期内拥有独占期权，但这一期限是有限的。一旦期限到达，创新成果将进入公共领域，其他市场主体可以自由使用和改进创新成果，进而促进更广泛的市场竞争。

这种激励创新与保障市场竞争的平衡机制有助于构建健康的经济体系。创新者在获得一定的独占期权后，既能获得经济回报，又必须面对期权结束后的竞争，从而保持市场的活力和竞争的公平性。

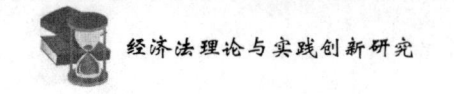

三、公平竞争

（一）公平市场环境

1. 禁止垄断的法律规定

公平竞争原则的实现需要在市场中创造一个公正的竞争环境，而为了达到这一目标，经济法通过禁止垄断行为的法律规定来维护竞争的公正性。这一措施旨在防止市场主体滥用垄断地位，保障市场的竞争公平性，并为市场参与者提供了法律保护和明确的法律边界。

在经济法的框架下，禁止垄断的法律规定强调了市场竞争的基本原则，防范了市场主体通过垄断手段操纵市场价格、限制市场准入、压制竞争对手等不正当行为。这些规定的制定有助于确保市场的公正运作，防止市场陷入不健康的垄断局面，从而保障了市场中各方的利益平等。

禁止垄断法规的实施在多个层面产生了积极效果。首先，有助于推动企业提高效率、降低成本，为消费者提供更多选择，促进整个市场的创新和发展。其次，通过明确规范垄断行为，为市场主体提供了清晰的法律边界，降低了法律风险，提高了市场参与者的信心，促进了市场的稳定和健康发展。

然而，禁止垄断的法律规定也需要在执行过程中不断完善。在实践中，要平衡垄断行为与企业自主经营权之间的关系，防止法规的滥用和误导。此外，对于不同行业和市场情境，需要有针对性地制定和调整禁止垄断的法规，以更好地适应复杂多变的市场环境。

2. 反不正当竞争法的实施

在遵循公平竞争原则的框架下，经济法通过实施反不正当竞争法，对市场主体的竞争行为进行规范。这一法律手段的目的是防止虚假宣传、恶意妨碍他人生产经营等不正当行为，从而打破市场上的信息不对称，维护市场的公平秩序。通过这种法律手段，经济法为市场主体提供合法的竞争框架，促使其在公平环境中发挥各自优势，推动市场的有效运转。

反不正当竞争法的实施强调了在竞争过程中的诚信和公平，为市场经济体系的正常运作提供了必要的法律基础。其中，禁止虚假宣传是为了保护消费者免受误导，确保市场信息的真实性和透明度。恶意妨碍他人生产经营的规定则有助于防范不正当行为，维护市场主体的正当利益，保障竞争的公平性。

这一法律手段的实施具有多重效益。首先，通过规范市场主体的竞争行为，反不正当竞争法有助于减少市场上的不正当竞争行为，提升市场的诚信水平，增强市场的透明度。其次，反不正当竞争法有助于加强市场的竞争力，激发市场主体的创新活力，推动市场朝着更加公正和高效的方向发展。最后，通过明确规范，反不正当竞争法提供了对违规行为的制裁，从而形成了对市场秩序的强有力维护。

（二）公正合同交易

1. 合同法的法律规定

在追求公平竞争的过程中，经济法通过合同法的法律规定，规范了市场主体在合同交易中的行为，以确保其在交易过程中享有平等地位。合同法的制定和实施对于维护公正的合同交易、保障市场主体的权益具有重要意义。

第一，合同法规定了合同的成立程序，强调了各方当事人自愿、平等的原则。在合同的订立阶段，法律要求各方当事人基于自愿的原则进行交易，确保交易过程不受强迫或欺诈。这有助于奠定一个公正的合同交易基础，保障市场主体在合同订立阶段的平等地位。

第二，合同法规范了合同的履行程序，明确了合同各方的权利和义务。通过合同法的法律规定，市场主体在履行合同过程中能够依法行使其权利，并对违约行为进行追责。这一法律规范不仅保障了合同交易的正常进行，也为市场主体提供了法律保障，确保其在交易中能够获得公正对待。

第三，合同法还规定了解除合同的条件和程序，保障了市场主体在需要解除合同时的合法权益。这有助于防止不当解约的发生，维护合同交易的公正性和稳定性。

2. 反欺诈、强迫等不正当行为的法律制裁

为防范交易中的不正当行为，经济法通过明确的法律规定，包括反欺诈、反强迫等法律规定，旨在保护市场主体的合法权益。这一法律原则的实施不仅有助于加强市场的诚信度，还为市场主体提供了在公平竞争中的法律支持，为维护公正市场秩序和保障市场主体的合法权益发挥了积极作用。

第一，反欺诈法律规定通过禁止虚假宣传、信息欺骗等不正当手段，防范了市场主体在交易中利用虚假信息获取不当利益的行为。这一法律规定有助于打破市场上的信息不对称，确保市场参与者能够在真实、透明的信息基础上进行决策，从而维护市场的公平竞争秩序。

第二，反强迫法律规定禁止在交易中使用威胁、胁迫等手段，确保市场参与者能够在自愿、平等的基础上进行交易。这有助于防止市场主体在交易过程中受到非法的威胁或强制，维护了市场的公正和健康发展。

这些法律规定的实施，为市场主体提供了法律框架，使其在交易中能够获得公正待遇，减少了不正当行为的出现，推动了市场的有序运转。

四、公共利益平衡

（一）公共法律责任

1. 社会责任倡导

公共利益平衡原则的实施强调了市场主体在追求个体利益的同时必须充分考虑社会整体利益。经济法通过规定市场主体的公共法律责任，倡导其对社会负有一定的社会责任。这一法律规范旨在要求市场主体在经济活动中不仅追求自身经济利益，还要关心和尊重社

会的公共利益。社会责任倡导不仅有助于降低市场行为对社会的负面影响，还有助于防范外部性和不公平竞争，为构建和谐社会和可持续发展提供了法律基础。

第一，社会责任倡导要求市场主体在经济活动中主动承担起一定的社会责任。这包括对员工、消费者、环境等方面的关切和尊重。例如，法律规定了企业在生产经营过程中应当遵循的环保、劳动用工等方面的规范，推动市场主体更加注重社会责任的履行。

第二，社会责任倡导有助于降低市场行为对社会的负面影响。通过明确市场主体在社会责任履行中的义务，经济法为社会创造了一个积极向上的经济环境。例如，在企业经营中，法律对产品质量、广告宣传等方面进行了规定，以确保市场主体的行为不会对社会产生不良后果。

第三，社会责任倡导有助于防范外部性和不公平竞争。通过规范市场主体的行为，法律使市场主体在经济活动中不仅关注自身的经济利益，还要考虑对社会的积极贡献。这有助于构建一个更为公正、透明的市场环境，减少了不公平竞争现象的发生。

2.外部性和不公平竞争的法律规制

外部性和不公平竞争的法律规制是公共法律责任的一部分，具体体现在经济法对市场主体在经济活动中行为的规范上。经济法通过明确的法律规范，旨在要求市场主体在追求个体经济利益的同时，不得产生过多的外部成本，以避免损害社会整体利益。这一法律规制通过平衡市场主体的个体追求和社会的公共利益，实现了社会整体利益的最大化。

在法律规制外部性方面，经济法要求市场主体在经济活动中应当采取相应措施，以最大限度地减少其行为对其他市场参与者或社会造成的负面影响。例如，规定了环境污染的防治责任，要求企业在生产经营中采取环保措施，防止产生对环境的不良外部性。这种法律规制通过制约市场主体的行为，保障了外部环境的可持续发展。

在法律规制不公平竞争方面，经济法通过禁止垄断、不正当竞争等行为，维护了市场的竞争公正性。垄断行为的法律规制防止了市场主体滥用市场支配地位，保障了其他参与者的合法权益。对于不正当竞争，法律规定了一系列禁止的行为，如虚假宣传、恶意妨碍他人生产经营等，以维护市场的公平秩序，防范市场主体之间的不正当竞争。

（二）公共资源合理利用

1.资源获取与利用的合法性和公正性

公共利益平衡原则不仅涉及对市场主体的法律责任规定，还包括了对公共资源的合理获取和利用进行法律规范。经济法明确规定了市场主体在资源获取和利用的过程中必须遵循的合法性和公正性原则，以确保资源的合理配置，促进社会的可持续发展。法律规范要求市场主体在追求自身利益的同时，必须遵循公平的原则，确保资源的利用不对社会造成不公平或不正当的影响。这有助于维护资源的公共性，促进社会资源的有效分配。

在资源获取方面，经济法强调市场主体必须依法取得资源，并且这一过程应当在合法框架内进行。合法性原则要求市场主体在获取资源时遵守法律法规，不得采取违法手段或绕过法律规定获取资源。这一原则的实施不仅确保了市场主体在资源获取过程中的合法权益,也维护了整个社会资源获取的公平性。

在资源利用方面,公正性原则要求市场主体在利用资源时遵循公平竞争的原则,不得通过不正当行为获取优势,损害其他市场参与者的合法权益。法律规定了禁止垄断、不正当竞争等行为,以确保市场主体在资源利用中遵循公正的规则。这有助于防止资源被个别市场主体垄断,保障了其他参与者的平等机会,促进了资源的公正分配。

2. 可持续发展的法律支持

经济法为可持续发展提供了强有力的法律支持,通过规范市场主体的行为,引导其在经济活动中更加注重社会和环境的可持续性。这一原则要求市场主体在资源的获取和利用过程中不损害未来世代的利益,致力于维护公共资源的可持续性。法律的规范和支持在推动公共利益平衡的同时,也为社会经济的可持续发展奠定了坚实基础。

在资源获取方面,经济法要求市场主体在追求经济利益的同时,充分考虑资源的可持续性。法律规范了资源的合法获取,鼓励市场主体采用环保、节能、可再生等可持续性发展的手段,以确保资源不被过度开采和浪费。这有助于保护生态环境,降低资源枯竭的风险,为未来世代留下可持续的发展空间。

在资源利用方面,经济法通过公正的竞争规则,防止市场主体通过不正当手段获取资源优势,从而损害其他参与者的合法权益。法律规定了禁止垄断、不正当竞争等行为,维护了市场的公正竞争秩序。这有助于防止资源的滥用,确保资源的合理配置,推动社会经济朝着可持续的方向发展。

第四节 经济法体系概览

一、经济法体系的社会系统论基础

(一) 社会系统论的基本框架

社会系统论为深刻理解和分析经济法体系提供了坚实的理论基础。社会系统论在方法论上标志着法学作为一门独立学科的成熟,特别为经济法的研究提供了新的视角和思路。在传统观念中,经济法因其单行法繁多,缺乏一部统领全局的法律体系而呈现出体系松散、边界模糊的形象。社会系统论的引入为解决这一问题提供了有力工具。

社会系统论突破了传统整体论的框架,将社会视为由各功能子系统相互联系的系统。这种观点强调系统内部功能子系统的分化和动态逻辑,而非简单的整体和部分的关系。在经济法的语境中,这些功能子系统涵盖了政治、经济、法律等多个方面,它们通过结构耦合相互影响,形成了一个相对独立但互相关联的系统。在这个系统中,政治系统通过符码"有权/无权"和媒介"权力"实现集体约束力的决策,经济系统通过符码"支付/不支付"和媒介"货币"实现设定价格和支付可能的功能,而法律系统通过符码"合法/非法"和媒介"法律规范"实现稳定规范性预期的功能。这三个功能子系统通过各自的符码化运作构成自身的运作封闭性，同时又在彼此间形成相对开放的环境，保留了互相影响的可能性。

经济法作为社会系统中的一个重要组成部分，通过体现政治、经济和法律的相互关系，展现了社会系统论在经济法领域的实际应用。社会系统论的观点有助于更全面、深刻地理解经济法的内在机制，使研究者能更好地把握经济法在整个社会系统中的地位和作用。这一理论框架的引入不仅提升了人们对经济法的理论认识，也为经济法的法学体系建设提供了新的思路和方法。

（二）经济法立法转化的双层结构耦合

1. 功能子系统与结构

在社会系统中，不同的功能子系统，如政治、经济和法律，各自具有独特的运行逻辑。这些功能子系统在实现自身独特运行逻辑的同时，通过结构耦合保留了彼此之间的相互影响可能性。社会系统论强调功能子系统的分化和动态逻辑，摆脱了传统整体论的束缚，使我们能更全面地理解系统内部的复杂关系。

结构耦合是社会系统中不同功能子系统之间的非必然选择关系。它描述了两个系统之间的稳定互动关系，是系统内外部关系的一种稳定互动形式。这种选择关系使不同功能子系统既能保持自身的相对独立性，又能够相互刺激、影响，并在相互联系中维持整个系统的稳定性。结构耦合既是系统内各功能子系统之间相互协同的表现，也是系统外部环境与系统内部结构相互适应的结果。

2."经济政策—经济宪法"的双层结构耦合

在社会系统论的理论框架下，我们可以深入探讨现代经济法形成的背后机制，这一形成过程是多个功能子系统相互作用的结果。经济法在这一体系中充当了政府与市场之间的媒介角色，通过"一阶耦合"和"二阶耦合"实现了政治系统与经济系统之间的双向沟通。这一理论视角使我们能够更好地理解经济法的演化过程以及其在社会系统中的角色。

经济宪法作为经济法体系中的重要组成部分，扮演着政治系统与经济政策的二阶耦合的角色。通过经济宪法的制定和适用，政治系统以法治的方式介入经济政策的制定和执行过程，从而调节政治系统与经济系统之间的关系。这种法治方式为政府的经济活动提供了一个相对稳定和可预期的框架，确保政治系统在实施经济政策时能够在法律的约束下进行。

在"一阶耦合"中，政治系统与经济系统的相互作用主要体现为政府对经济的监管和干预。政治系统通过制定政策、进行宏观调控等手段，影响着经济系统的运行。这种"一阶耦合"的政治活动受到了经济系统的反馈，形成了一个相对稳定但动态变化的关系。

而在"二阶耦合"中，经济宪法作为法治的工具，将政治系统与经济系统的关系纳入法律框架。通过经济宪法的制定，政治系统的行为受到法律的规范，使政府在实施经济政策时不得违背法律的原则。这种法治方式为经济政策提供了一种稳定性，保障了市场主体的合法权益，同时确保了政治系统的合法性。

二、经济法体系的形式逻辑展开

（一）经济宪法与经济基本法

1. 经济宪法的定位与功能

经济宪法在整个经济法体系中占据着重要的地位，它是政治权力通过法治方式介入经济领域的媒介。该法的制定旨在体现政治系统与经济系统之间的紧密耦合关系，通过法治手段规范和引导经济活动。经济宪法的功能在于确立政府在经济领域的基本职责和权限，为经济法的形成提供了制度性基础。

2. 经济基本法的生成和作用

经济基本法是政治与经济要素相互转译的产物，其核心在于建构一套原则体系以规范各要素之间的关联性。通过明确定义市场主体的权利义务，经济基本法构建了经济法的基石。这一法律层面的基石有助于形成相对稳定的法律框架，为经济法的进一步制定提供方向性指引。

3. 逻辑结构：经济宪法—经济基本法—经济单行法

"经济宪法—经济基本法—经济单行法"的逻辑结构是整个经济法体系的基本构架。经济宪法通过法治方式引导政治系统介入经济，经济基本法则作为原则性的法律框架规范经济行为，而经济单行法则在具体领域细化和规范经济活动。这一逻辑结构实现了政治系统、法律系统与经济系统的有机结合，确保了宏观政治目标和微观经济行为的协调。

（二）脱嵌的经济宪法与经济基本法的拓扑

1. 宪法脱嵌的问题

宪法脱嵌现象导致各单行法难以有效对接，给经济法体系带来了一系列问题。这种情况下，各法规之间的规范性不足，法律适用困难，使经济法的实施受到一定制约。在这一背景下，经济法面临着规范体系不够完备的挑战。

2. 经济基本法的拓扑作用

为解决宪法脱嵌问题，经济基本法的制定成为至关重要的环节。经济基本法填补了各单行法之间的脱嵌空白，弥补了宪法在经济法体系中的不足。通过明确各类法规的适用范围、原则和具体规定，经济基本法构建了一个相对完备的法律体系，有助于解决宪法脱嵌问题。

3. 违宪审查机制的完善

在经济基本法的制定过程中，有必要强化违宪审查机制。这有助于确保各法规的一致性和合宪性，为整个经济法体系提供更为牢固的法律基础。通过加强宪法对各单行法的监督，可以有效防范脱嵌现象的发生，提高经济法体系的整体效力。

三、经济法基本范畴的体系化结构

（一）作为基石范畴的"社会整体经济利益"及其原则体系展开

1. 社会整体经济利益

社会整体经济利益作为一种"偶连性公式"在社会系统论中扮演着至关重要的角色，其在系统与环境的互动中显现出独特的价值。这一概念突破了传统的整体论框架，引入了系统与环境的相互关系，并在经济法的理论体系中发挥着关键性的作用。

"偶连性公式"所体现的社会整体经济利益不仅是一种抽象的计算方式，更是系统内外关系的具体表征。这种关系的核心在于在系统内部，各功能子系统如政治、经济、法律等在追求自身运行逻辑的同时，通过结构耦合的方式保留了相互影响的可能性。这就意味着，社会整体经济利益的实现不仅依赖于系统内各功能子系统的协调运作，还需要与外部环境保持稳定的互动。

在社会整体经济利益的具体体现中，涌现出一系列基础原则体系，其中包括但不限于公平竞争、实质公平、经济发展等。这些原则不仅在经济法中具有指导性的地位，更在实践中引导了各个子系统的运作。公平竞争原则保障了市场机制的有效运作，实质公平原则确保了资源分配的合理性，而经济发展原则则成为整个社会系统稳定运行的动力源泉。

社会整体经济利益的确立，进一步为经济法体系的构建提供了理论支持。通过对系统内各功能子系统的协同作用和与外部环境的互动关系的全面考量，经济法能够更好地应对社会经济的复杂性和多变性。这种以整体经济利益为中心的理论框架，不仅有助于经济法的理论深化，也为实践操作提供了明确的指导原则。

2. 公平竞争原则与国家干预谦抑性原则

公平竞争原则与国家干预谦抑性原则在经济法体系中展现了复杂而相互制衡的关系。公平竞争原则作为经济法的基本理念，强调在市场活动中维护公平，预防不正当竞争行为的产生。这一原则在实践中通过政治系统的手段对市场主体进行干预，以确保市场的公正运行和资源的有效配置。然而，与此同时，国家干预谦抑性原则体现了对国家对市场自律的谦逊态度，旨在确保政府的介入不会破坏经济主体的自主性。

公平竞争原则的核心在于营造一个开放、公正的市场环境，使各个市场主体在竞争中有机会获得成功。这通过制定和执行经济法规来实现，政府在这一过程中扮演了监管和调节的角色。经济法的制定旨在规范市场主体的行为，预防垄断、不正当竞争等行为的发生，从而保障市场的公平性。这体现了政治系统对市场的引导和干预，以确保市场的有效运行。

然而，与公平竞争原则相对应的是国家干预谦抑性原则。这一原则强调政府对市场的谦逊介入，旨在确保政府的参与不会破坏市场的自主性。国家干预谦抑性原则体现了对市场自律的尊重，强调政府在介入市场时应当慎重并避免对市场主体的不当侵犯。这一原则通过经济法的制定和执行来实现，确保政府在维护公平竞争的同时不过度干预市场的正常运行。

公平竞争原则与国家干预谦抑性原则相辅相成，共同构建了经济法体系的基石。在这一复杂而微妙的关系中，政治系统在市场与国家之间找到平衡点。这不仅有助于市场的有效运行，也确保了政府在经济领域的干预是有限度和有针对性的，避免了对市场自主性的过度侵犯。

3. 实质公平原则与国家干预合法性原则

实质公平原则与国家干预合法性原则在经济法体系中构建了政治系统对经济系统的积极干预框架。实质公平原则旨在通过政治系统的有力介入，追求一种在实质上具有公平性的经济秩序。与之相对应，国家干预合法性原则则着眼于确保政府的经济干预在法律框架下进行，以保障其合法性和有序性，同时维护公民经济活动的自主性。

实质公平原则反映了政治系统对经济系统的积极参与，旨在通过经济法的制定和执行，实现对市场主体的公平干预。这一原则强调政府在塑造经济秩序时应考虑社会公正和整体利益，通过法律手段规范市场行为，防范不正当竞争、垄断等现象，从而营造一个更为公平的经济环境。实质公平原则的实施使政治系统在引导经济运行时更好地发挥作用，确保资源的公正分配，促进经济的可持续发展。

与此同时，国家干预合法性原则强调政府在进行经济干预时必须在法定的框架下行使权力，确保其合法性和合规性。这一原则通过明确定权边界、规范行为程序等方式，保障政府的干预活动不会越轨，维护了公民经济活动的自主性。国家干预合法性原则的实施有助于避免政府滥用职权、越权行使干预权力，从而确保了法治和政治系统对经济系统的有效引导。

实质公平原则与国家干预合法性原则相互交织，形成了经济法体系中政治系统对经济系统的双重调控框架。这一框架不仅有助于创造一个更为公正、可持续的经济秩序，同时保障了政府行为的合法性和合规性。通过这种双重调控，经济法体系得以在维护公平竞争的同时，确保政府的介入是有序和受限的，从而促进社会经济的健康发展。

4. 经济发展原则与国家干预绩效原则

经济发展原则和国家干预绩效原则在经济法体系中共同构建了政治系统和经济系统之间的共振关系。这两个原则的协同作用旨在追求社会整体的平衡和福利的增长，同时兼顾政治系统对正当性的诉求以及经济系统自身运作中对效益的天然追求。这一共振关系使政治系统对经济系统的激扰能以维护社会公共利益为导向，实现政治正当性和经济有效性的双重目标。

经济发展原则在经济法体系中扮演着重要的角色。该原则强调在制定和执行经济法律规范时，应促进经济的良性循环和可持续发展。政治系统通过经济法的制定和调控，旨在推动社会的整体经济繁荣，实现公共福祉的提升。经济发展原则的实施不仅有助于缓解社会矛盾，提高人民的生活水平，还符合政治系统追求正当性和社会稳定的目标。

与之相伴的是国家干预绩效原则，其强调政府对经济系统的介入应该在维护社会公共利益的同时保持高效和有效。这一原则确保了政府的干预活动在追求福利增长的同时，不产生过度的负面效应。通过科学合理的政府干预，国家干预绩效原则促进了政治系统与经济系统之间的良性互动，实现了政治正当性和经济效益的统一。

（二）以经济权力范畴为核心的规则体系展开

1. 国家主导型经济权力

国家主导型经济权力是国家干预的一种表现，其核心在于政府对市场主体进行监管和积极介入。这种介入涵盖了对不正当竞争等负面行为的监管，同时也包括对经济的宏观调控等积极的国家干预手段。在这一体系中，法律发挥着重要作用，对市场主体之间的法律关系进行评价，体现了政治系统与法律系统的高度融合。

国家的干预体现了政治系统对经济领域的强力介入，以实现社会整体的平衡和福利的增长。这种介入不仅包括对市场秩序的监管，防止不正当竞争等行为，还包括对整个经济体系的积极调控，以应对宏观经济波动和确保经济的稳定发展。国家主导型经济权力体现了政治系统在经济运行中的指导和引领作用，使政府在维护社会公共利益的同时，能够更好地应对复杂多变的经济现实。

在这一过程中，经济法系统扮演着关键角色。经济法不仅规定了国家对市场主体的监管权限和方式，还评价和规范了市场主体之间的各种法律关系。通过经济法的制定和执行，政治系统和法律系统实现了高度融合，形成了有力的国家主导型经济权力体系。经济法的运作既是对政治系统干预的一种制约，又是为政府提供具体操作指南的手段，使国家在经济领域的介入更加有序和合法。

2. 市场主导型经济权力

市场主导型经济权力在反垄断法领域发挥着关键作用，其核心目标是限制市场主体在特定领域内占据主导地位。这体现了市场主体在经济领域的相对优势地位，同时也反映了对其经济权力的合理限制，以维护其他竞争者和消费者的合法权益。

在市场主导型经济权力的框架下，反垄断法成为一项重要的法律工具。其任务不仅在于打破市场垄断，促进市场竞争，还在于防止市场主体滥用其垄断地位，损害其他参与者的利益。这种法律的实施不仅是对市场主体行为的监管，更是为了维护整个市场体系的公平和有效运行。

市场主导型经济权力的发挥侧重于通过法律手段调整市场格局，使市场变得更加公平、开放和竞争。反垄断法的制定不仅是使对垄断行为惩罚有法可依，更是为了营造一个能够容纳多元竞争、激发创新的市场环境。通过法律的规范，市场主导型经济权力得以在合理的范围内运作，为经济系统注入了活力和韧性。

在这一框架下，市场主体的经济权力并非无限制的，而是受到法律的制约和引导。反垄断法的实施使得市场主体在追求经济效益的同时，必须遵循公平竞争的原则，不得滥用市场支配地位。这既保障了其他市场参与者的正当权益，也为消费者提供了更多选择，促使市场更好地发挥其资源配置和创新激励的功能。

3. 社会中间层主导型经济权力

社会中间层作为参与管理经济活动的主体，在证券、银行、保险、涉外经济等领域扮演着重要角色。法律对社会中间层的监管体系需要在平衡社会公共利益与社会中间层自主作出经济决策的特殊性之间找到合适的平衡点。

　　社会中间层主导型经济权力的实施是在法律框架下进行的，该框架旨在规范中间层在经济领域的行为，以确保其决策和活动不仅符合法律法规，而且符合社会的整体利益。中间层的决策对经济体系的稳定和发展具有直接影响，因此法律的监管体系需要灵活而有力地引导其行为。

　　社会中间层涉及的经济领域广泛，包括金融、投资、国际贸易等，因此法律的监管需要具有跨领域性和前瞻性。监管体系的设计要充分考虑社会中间层的专业性和灵活性，既保障其在经济决策中的自主权，又防范潜在的风险和不当行为，以维护社会公共利益。

　　社会中间层主导型经济权力的法律监管需要特别关注信息披露、合规管理等方面，以确保中间层的决策过程是透明、公正、合法的。此外，法律还应当规定明确的责任追究机制，以对滥用职权、违法操作等行为进行惩戒，确保中间层的行为符合社会伦理和法治原则。

第三章

经济法与市场经济

第一节 市场经济体制下的经济法角色

一、角色概述

在市场经济体制下,经济法发挥着多重关键角色,促进了市场经济的有序运行和公平竞争。这些角色涉及法律对市场主体、贸易活动、产权保护等方面的规范,为经济体制提供了法治基础(如图3-1)。

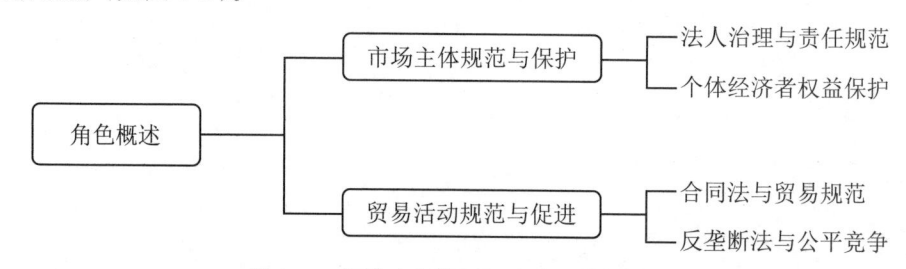

图 3-1 经济法在市场经济的角色架构图

(一)市场主体规范与保护

1. 法人治理与责任规范

法人治理与责任规范在经济法体系中扮演着至关重要的角色。通过设定法人治理结构和明确法人责任,经济法旨在在市场经济中规范企业行为,达到提高企业治理水平和保护各利益相关方权益的目的。

在企业治理方面,经济法的关注点主要体现在规定和引导法人治理结构的建立。法人治理结构包括董事会、监事会、高级管理层等多个组成部分,其设置和运作被明确定义,旨在确保企业内部权力分配的合理性和透明度。通过规范法人治理结构,经济法旨在提高企业的治理水平,有效防范内部腐败、滥用权力等问题,从而维护市场经济的健康运行。

与此同时,经济法通过明确法人责任,强调了企业在市场中的社会责任和法定义务。法人责任的明确有助于企业更好地履行其在经济活动中的社会职责,不仅注重自身利润最大化,还要考虑对社会和环境的积极贡献。这一规范有助于塑造企业的良好形象,增强企业的社会责任感，同时也提高了企业与各利益相关方的信任度。

保护各利益相关方权益是经济法治理的另一核心目标。各利益相关方包括但不限于股东、员工、消费者、供应商等。通过规范法人治理结构，经济法力求在企业内部建立起合理的利益协调机制，使各方权益得到平衡和保障。这有助于防范企业内部权力滥用问题，维护各方的正当权益，促进企业与社会各界的和谐共赢。

2. 个体经营者权益保护

经济法通过建立一系列法规，包括但不限于个体工商户法规，旨在有效保护个体经营者的合法权益，确保其在市场竞争中能够享有公平待遇。这一保护体系是经济法在市场经济体制下的一项关键任务，致力于创造一个有利于个体经济者参与、竞争和发展的法律环境。

个体经济者的权益保护在经济法体系中具有多重维度。第一，法律对个体经济者的市场准入、退出、经营行为等方面进行规范，保障其在市场中享有平等的法律地位。这包括了个体工商户法规等法律文件的制定，通过明确的法律条文确保个体经济者的经济活动能在法律框架内进行。

第二，经济法对个体经济者的财产权和契约权提供了明确的法律保障。通过规范契约关系、加强财产保护等措施，经济法确保了个体经济者在市场经济中的经济权益不受侵犯。这一保护不仅包括了个体经济者与其他市场主体的交易关系，也涉及与政府、金融机构等各方的合作。

第三，经济法通过税收政策、金融支持等手段，提供了对个体经济者的财务支持。这有助于缓解个体经济者面临的财务困境，促使其更好地参与市场竞争。税收政策的灵活性和金融支持的有效性直接影响个体经济者的生存和发展空间，这也是经济法对个体经济者综合权益保护的一种表现。

（二）贸易活动规范与促进

1. 合同法与贸易规范

合同法在经济法体系中扮演着重要的角色，其包括了合同的成立、履行、解除等一系列法律规范，为市场主体提供了有力的交易法规，从而促进了贸易活动的有序进行。合同作为市场交易的基本工具，其法律规范的制定对于维护市场经济秩序、保障市场主体权益具有重要意义。

第一，合同法明确了合同的基本要素和成立条件，规范了市场主体之间的交易行为。通过合同的签订、要素、形式等方面的法律规定，合同法确保了合同的有效性和合法性，为市场主体提供了明确的交易框架。这有助于降低市场不确定性，增强市场参与者的信心，从而促进经济交易的主动进行。

第二，合同法对合同的履行提供了详尽的规范，包括但不限于履行义务、质量保证、风险转移等方面的法律规定。这为市场主体明确了在交易过程中的权利和义务，确保了各方在交易过程中能够依法行使自己的权利，同时也要求各方履行相应的义务。这一规范有助于维护市场秩序，提高市场经济的效率和公平性。

第三，合同法还明确了合同的解除条件和程序，为市场主体提供了一种合法解决争端的途径。在合同关系出现问题时，合同法的规范使各方能按照法定程序解决争端，减少交易的风险和不确定性。这有助于建立和谐的市场关系，增强市场主体的信任感和合作意愿。

2.反垄断法与公平竞争

反垄断法等法规在经济法体系中发挥着关键作用，通过对不正当竞争行为的限制，旨在维护市场的公平竞争环境，从而确保市场资源的有效配置。这一法律框架的建立有助于防止市场主体滥用垄断地位，促使市场在公平、透明的基础上进行竞争，最终实现市场资源的合理分配。

反垄断法的实施旨在打破市场垄断，维护市场竞争的公平性。首先，它规定了市场主体在市场上的行为准则，禁止了一些不正当竞争的行为，如滥用市场支配地位、串通价格等。通过对这些行为的限制，反垄断法能够有效防止垄断企业对市场的操控，为其他市场参与者提供了公平竞争的机会。

其次，反垄断法设定了对违法行为的处罚和制裁措施，保障法律的执行。通过对违法行为的惩罚，反垄断法不仅起到了震慑作用，也为受害方提供了救济途径。这有助于维护市场秩序，促进市场的正常运转。

最后，反垄断法还强调了对市场结构的监测和调整。通过对市场的监测，反垄断法可以及时识别市场中的垄断行为，为政府制定有效地调整政策提供了依据。这有助于确保市场资源的合理配置，提高市场的效率。

二、相关法规与制度

经济法在市场经济中的相关法规与制度如图3-2所示。

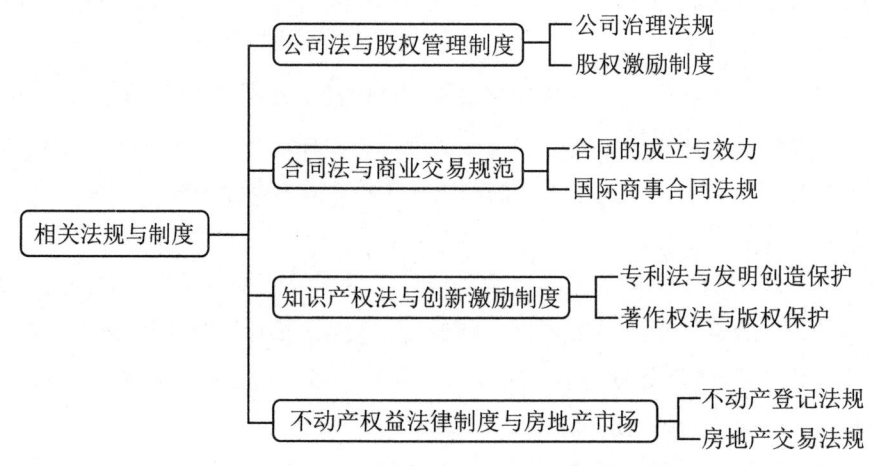

```
                    ┌─ 公司法与股权管理制度 ─┬─ 公司治理法规
                    │                      └─ 股权激励制度
                    │
                    ├─ 合同法与商业交易规范 ─┬─ 合同的成立与效力
相关法规与制度 ─────┤                      └─ 国际商事合同法规
                    │
                    ├─ 知识产权法与创新激励制度 ─┬─ 专利法与发明创造保护
                    │                          └─ 著作权法与版权保护
                    │
                    └─ 不动产权益法律制度与房地产市场 ─┬─ 不动产登记法规
                                                      └─ 房地产交易法规
```

图3-2 经济法在市场经济中的相关法规与制度

（一）公司法与股权激励制度

1. 公司法

公司法具体规定了公司治理结构，以确保公司内部权力的平衡与监督。公司法规定了董事会作为公司的最高决策机构，负责决定公司的经营方针、管理人员的任免和公司的投资计划等重要事项。董事会的成员通常由公司股东选举产生，以代表股东利益，但其职责不仅是履行代表职能，还需对公司整体经营和战略进行监督。

监事会是公司治理结构的另一重要组成部分，其主要职责是监督董事会的运作，以保障公司管理的公正与透明。监事会的成员也由股东选举产生，但与董事会的职能有所不同，其关注点主要在于对公司内部经营和财务状况进行监察，以及对董事会成员的行为进行审计。

此外，公司法还强调了股东会的重要性。股东大会是公司治理结构中直接代表股东意愿的机构，负责审议并决定公司的重大事项。公司法规定了股东会的召开程序和表决规则，以确保股东的合法权益。

公司法对公司高级管理人员的行为也有详细规定。这些规定旨在保障公司高层管理人员的职责履行，明确其责任和义务，同时设定相应的惩罚机制，以防止不当行为的发生。

2. 股权激励制度

股权激励制度是一种旨在通过向公司内部员工提供股权奖励来激发其创新和积极性的机制。相关法规在这一领域明确了一系列条件和程序，以确保股权激励的有效实施。首先，法规规定了股权激励的基本条件，包括公司的经营状况、盈利水平、市值等因素。这些条件的设定旨在确保激励计划与公司的实际状况相匹配，既能激发员工的积极性，又能保护公司整体利益。

其次，法规明确了股权激励计划的设计与执行程序。在设计阶段，法规要求公司充分考虑员工的职务、贡献度、服务年限等因素，以确定激励计划的具体内容和比例。激励计划的执行涉及股权分配、股权锁定期、行权条件等细节，法规对这些方面进行了详细规定，以保障员工的权益并防范激励计划滥用的可能性。

最后，法规对股权激励的公开透明度提出了要求。公司在进行股权激励时，需要充分披露激励计划的细节，包括激励对象、激励数量、行权条件等，以确保信息对所有股东具有公平性和透明度。这有助于避免信息不对称，维护公司内部关系的稳定。

股权激励制度不仅对公司内部员工产生积极激励，也在一定程度上加强了公司的竞争力和创新能力。它建立了员工与公司共同成长的利益共享机制，促使员工更加积极参与公司经营管理，从而推动企业的可持续发展。

（二）合同法与商业交易规范

1. 合同的成立与效力

合同的成立与效力是合同法体系的重要组成部分。合同法明确规定了一系列成立合同的条件以及合同的效力问题，为市场主体提供了明确的交易规范和法律基准。

第一，合同的成立必须满足一定的法定条件。合同的主体双方必须具备完全民事行为能力，且合同的目的、内容必须合法。这一系列条件的设定旨在保障合同的合法性和公平性，防止合同因违法目的或主体的不完全行为能力而无效。此外，合同的成立通常需要一定的形式要求，例如书面形式或口头形式，这有助于确保合同的明确性和证明力。

第二，合同的效力与合同的内容密切相关。合同法规定了合同的效力分为生效、待生效和失效三种状态。在合同成立后，当事人之间即可产生相应的权利和义务。合同的效力受到约定的约束，但同时也受到法律的规范，确保合同符合法律的基本原则和公共利益。此外，对于合同效力的解释，合同法也明确了合同在存在不明确条款或存在争议时的解释原则，以维护公平交易和合同的稳定性。

在合同的履行阶段，合同法规定了当事人的履行义务、风险转移和不可抗力等问题，以确保合同的顺利履行。同时，合同法也规定了合同的解除、变更和转让等情形，为当事人提供了法定的变更和解决途径，保障了合同履行中的交易安全性。

2.国际商事合同法规

国际商事合同法规是为了规范涉及跨国贸易的商事合同而制定的法律框架，其主要目的是明确国际商事合同的法律适用和解决争端的机制。这一领域的法规旨在应对国际贸易涉及的多元法律体系和跨文化交往的挑战，为当事人提供清晰的法律指导，促进跨国贸易的稳定发展。

一方面，国际商事合同法规在法律适用方面有明确的规定。由于涉及不同国家、不同法律体系的交易，法规往往采取一定的国际私法原则，如《联合国国际货物买卖合同公约》（CISG）等。这有助于在跨国贸易中统一适用法律标准，减少法律不确定性，提高商事合同的执行可靠性。

另一方面，国际商事合同法规强调了争端解决机制的重要性。为了应对跨国贸易中可能出现的争端，法规推崇采用国际商事仲裁，以提高争端解决的效率和专业性。仲裁机制的灵活性和国际性使其成为一种较为适用的解决争端的手段。此外，一些国际组织和法律框架也鼓励当事人通过协商和调解解决争端，以维护商业关系和降低争端解决的成本。

国际商事合同法规，还对合同的订立、履行、变更和解除等环节提供了法律指导。特别是在合同履行过程中，法规强调合同当事人的善意、信用和合作精神，以促进交易的良好进行。对于合同解除和违约责任的规定，也有助于规范商事行为，提高交易的可预测性。

（三）知识产权法与创新激励制度

1.专利法与发明创造保护

专利法是为了促进创新与发明创造而制定的法律体系，其规定了专利权的获取和保护，为创新者提供了法律支持。专利权作为一种独占性权利，赋予了发明创造者对其发明的控制权，并在法定期限内排他人利用该发明的权利。这种制度的实施旨在鼓励创新，为发明者提供合法保障和经济回报。

首先，专利法规定了专利的取得条件，通常包括创新性、实用性和可工业应用性等要素。这些条件的设定旨在确保专利权的授予是对真正有创新价值的发明的认可，促进科技进步和经济发展。专利的审查程序通常由专利局进行，以确保专利权的合理授予和符合法律规定。

其次，专利法为专利权的保护提供了详细的法律规定。专利权的保护期限通常较长，以鼓励创新者投入更多资源和努力进行研究与发展。专利权的保护范围明确规定了专利权人对他人的排他权利，这有助于防止他人在专利权期间擅自使用、制造、销售涉及专利权的产品。

最后，专利法还规定了专利权的转让、许可和终止等事项。创新者可以通过专利权的转让或许可，实现其创新成果的最大化利用，并获取相应的经济回报。专利权的终止条件也在法律中有所规定，以防止专利权的滥用或过度延长。

在国际层面上，专利法通过相关国际公约和协定，推动了全球专利制度的协调与合作。例如，巴黎公约和专利合作条约等国际法律框架，为创新者提供了在多国范围内获得专利保护的机制，促进了全球创新的共同进步。

2.著作权法与版权保护

著作权法是一种旨在保护文学、艺术作品的法律体系，通过设立版权，为创作者提供对其创作成果的法律保护，激发并促进文化创意产业的发展。该法律框架涵盖了各种表达形式的作品，包括文学、音乐、绘画、雕塑、戏剧、电影、软件等多个领域。

首先，著作权法规定了版权的形成条件和取得程序。一般而言，创作的作品必须具备独创性、原创性和具体的表达形式，才能被法律保护。著作权在创作完成后，无需进行注册程序，即自动产生。这有助于鼓励创作者积极投入创作，并为其作品提供及时的法律保护。

其次，著作权法规定了版权人的权利范围和内容。版权人拥有对其作品的复制权、发行权、公开表演权、公开传播权等一系列权利。这一权利范围的设定旨在确保版权人能够有效地控制其作品的使用，从而有助于保护创作者的创作积极性，并促进文化产业的多元发展。

最后，著作权法对于权利的限制和例外也进行了规定。例如，合理使用原则允许他人在符合特定条件下使用他人的作品而不需要获得许可。这一灵活的规定平衡了创作者和社会的利益，使得文化作品能够更广泛地流通和传播。

著作权法还设定了版权的保护期限，以限制版权的长期垄断，推动作品进入公有领域。通常，保护期限是作者终生加一定年限，这有助于维护创作者的经济权益，并在一定期间后促使作品成为公共资源。

在国际层面上，著作权法通过一系列国际公约和协定，如《保护文学和艺术作品伯尔尼公约》等，促进了国际版权保护的合作与协调。这为跨国文化交流和创意产业的全球化发展提供了法律基础。

(四)不动产权益法律制度与房地产市场

1. 不动产登记法规

不动产登记法规是为了规范不动产的登记程序而制定的法律框架，其主要目的在于确保不动产的产权清晰、确权明晰，以及不动产流转的合法性。这一法规体系涵盖了土地、房屋等不动产的登记、变更、注销等方面，为不动产交易、投资和开发提供了法律支持，进而促进了房地产市场的健康发展。

首先，不动产登记法规规定了不动产登记的基本程序和条件。在不动产交易或权利变动时，相关当事人需要向登记机关提出登记申请，并提交相应的材料和证明文件。登记机关负责对不动产的权利状况进行认定和记录。这一程序确保了不动产权益的真实性和合法性，为市场主体提供了信任和便捷的交易环境。

其次，不动产登记法规规定了不动产权利的种类和内容，包括但不限于所有权、使用权、担保物权等多种权力行使。这些权利在登记时都要求明确具体，以便在后续的不动产交易中保障权益的明晰和合法性。法规还规定了不动产权属证书的颁发，作为不动产权利的法定证明，进一步保障权属的确定性。

最后，不动产登记法规还设定了不动产登记的公示和查询制度。任何人都有权查询不动产权利状况，以确保信息的透明和公开。这为市场参与者提供了全面的信息保障，有助于防范不动产领域的诈骗和虚假交易，维护市场秩序。

在国际层面上，不动产登记法规通过与国际惯例和标准的接轨，促进了国际不动产交易的便捷和合规进行。这有助于增强国际投资者对不动产市场的信心，推动不动产领域的全球合作。

2. 房地产交易法规

房地产交易法规是为了规范和管理房地产市场，确保房地产交易的合法性、公平性和稳定性而制定的法律框架。该法规体系涵盖了房地产市场中的各个环节，包括交易程序、权益保障、信息披露等方面，为市场主体提供了法治基础，促进了房地产市场的有序运行。

第一，房地产交易法规规定了房地产交易的基本程序和条件。在房地产交易过程中，法规要求相关当事人需按照规定的程序向房地产主管部门申报，进行交易登记，并支付相关的交易税费。这一程序的设立有助于确保交易的合法性，提高市场透明度，为市场主体提供规范和保障。

第二，房地产交易法规对购房者和卖方的权益保护进行了详细规定。法规明确了双方在交易过程中的权利和义务，包括信息披露、交易风险提示等方面。此外，法规还规定了购房者的合同解除和退款权利，以应对交易过程中可能出现的问题，为购房者提供了更多的法律保障。

第三，房地产交易法规设定了房地产市场的信息披露制度。房地产开发商和中介机构在进行广告宣传和销售活动时，需遵守法规对信息真实性和广告内容的相关规定，以避免虚假宣传和误导性行为。这有助于确保购房者能够获得真实、准确的房地产信息，提高市场信任度。

第四，房地产交易法规还规定了房地产市场中的相关服务，如房地产中介服务和评估服务，以确保这些服务的合法性和规范性。这有助于维护市场秩序，提高服务质量，促进房地产市场的健康发展。

在国际层面上，房地产交易法规通过与国际标准的接轨，促进了国际房地产投资的便捷和合规进行。这有助于提高国际投资者对房地产市场的信心，推动房地产领域的全球化发展。

第二节　经济法对市场行为的规范

一、契约自由原则的基础与含义

（一）契约自由的法律根基

1. 法律理念的基础

契约自由原则的法律根基深植于对个体自由权利的深刻理解。法律体现了对市场主体平等地位下行使自由意愿的尊重，强调法律制度应当服务于市场经济的自由原则。这一法律理念贯穿于各项法规，旨在确保市场主体在经济交易中享有充分的自由权利。

契约自由原则的法律根基同时反映在法律制度应当服务于市场经济的自由原则的理念上。法律认识到自由市场是有效配置资源的重要机制，因此在法规中注重维护市场自由的原则，以促进自由市场的健康运行。法律理念的这一方面在法规中通过对市场秩序的保护、对不正当竞争行为的打击等方式得以体现。

契约自由原则的法律根基还体现在法规中对市场主体在经济交易中享有充分的自由权利的保障。法律通过具体的法规和条文，明确规定了市场主体在契约关系中的权利和义务，保障其在法定范围内自由行使契约权利。这有助于确保市场主体在契约交易中能够依法行使契约自由，促进自由市场的繁荣发展。

2. 合同法律体系的构建

契约自由在合同法体系中得到了详细的规定，体现了法律对市场主体自由意愿的尊重和对契约自由权利的法治保障。合同法为市场经济中的合同活动提供了具体的法律依据，通过对合同的定义、形式、解除等方面的规范，构建了合同法律体系。

合同法的构建始于对契约自由的充分认可。合同法体系通过对契约自由原则的法定确认，赋予市场主体在平等地位下自主选择订立合同的权利。这一基础性的法律原则在合同法中得到全面地体现，为市场主体提供了广泛而明确的契约自由权利。

在合同法律体系中，合同的定义成为其中的重要组成部分。合同法明确定义了合同的概念，强调其是市场主体自主选择、平等协商的结果。合同的明确定义为契约自由提供了清晰的法律基础，为市场经济的合同活动提供了明确的法律框架。

合同法律体系不仅规范了合同的定义，还对合同的形式提出了具体要求。法律规定了合同的成立形式，明确了书面形式、口头形式等不同的合同形式。这一规范旨在确保契约自由的行使符合法定形式，为市场主体提供合同成立的明确规范。

在合同法的构建中，对合同解除的规定也是至关重要的一环。合同法对于合同解除的条件和程序进行详细规定，确保在合同关系中双方权益的平等和合法解除的可能性。这一规定为契约自由提供了在一定条件下结束合同关系的法律支持，维护了市场主体的权利。

除此之外，合同法律体系还涉及合同的履行、变更、转让等方面。这些规定在法律层面对契约自由的行使进行了全面的制度安排，为市场主体提供了法治保障，促进了合同关系的健康发展。

3.自由主义经济学理论的启示

契约自由的法律根基受到自由主义经济学理论的启示，这一理论认为市场应该在最大限度上充分发挥自由竞争机制，而契约自由则是自由主义经济学的核心理念之一。法律根据这一理论基础，构建了对市场行为进行规范的契约自由原则。

自由主义经济学强调市场应该是一个充分自由的竞争环境，通过供需关系在自由竞争中形成价格，实现资源的有效配置。契约自由被视为这一自由市场的基础，为市场主体提供了自主选择、自由协商的法治保障。自由主义经济学的这一核心理念对契约自由的法律根基产生了深远的影响。

在自由主义经济学的理论框架下，契约自由被视为市场主体在经济活动中实现自由选择和自由协商的基本手段。法律依据自由主义经济学的启示，通过对契约自由原则的制度化规定，保障了市场主体在合同关系中享有的自由权利。

契约自由的法律根基还受到自由主义经济学对政府干预的拒绝态度的启示。自由主义经济学强调市场的自我调节能力，主张对市场的最小干预，使市场在自由竞争中实现资源的最优配置。契约自由的法律制度正是在这一理念指导下建构的，通过对市场行为的自主调整和协商，减少了对市场的不必要干预。

此外，自由主义经济学的理论启示也体现在法律对契约解除的规定中。自由主义经济学认为，市场主体在自由竞争中应当能根据自身利益合理选择合同关系。因此，法律规定了一定的合同解除条件，以确保契约自由的行使符合市场经济的自由原则。这一规定既充分尊重市场主体的自主选择权，也维护市场秩序的稳定运行。

（二）契约自由的含义与范围

1.市场主体权利的自主性

契约自由的核心在于市场主体在平等地位下有权行使自由意愿，自主选择订立合同。这意味着市场主体享有基于自身利益和意愿的独立权利，能够在合同关系中自由协商、订立和解除合同，而不受外部干预。

市场主体权利的自主性首先体现在其对合同的自由选择权上。在契约自由的法律框架下，市场主体不仅有权选择是否进入合同关系，还可以自主决定与哪些合同相互关联。这种自由选择权使市场主体能根据自身利益、需求和战略进行灵活决策，体现了其在市场经济中的主动性。

此外，市场主体在契约自由的环境中具有自由协商的权利。自由协商意味着市场主体在合同订立和履行过程中可以自主达成协议，灵活制定合同条款，以适应市场需求和双方的特殊情况。这种自主协商的权利使市场主体能更好地满足各自的利益诉求，促进合同关系的合理化和有效运作。

契约自由还赋予了市场主体解除合同的自主权利。在特定条件下，市场主体有权自主决定终止合同关系，而无须经过外部机构的强制介入。这体现了市场主体在合同关系中的自主决策权，有助于维护其在市场经济中的独立性和自由选择的能力。

市场主体权利的自主性同时意味着其不受不合理的外部干预。契约自由的法律原则要求法律、行政机构等外部力量在市场主体自主决策和协商的过程中不进行无端干预。这种自主性的权利保障了市场主体在市场经济中的自由运作，使其能够更加灵活、高效地适应市场的变化和需求。

2. 法定范围的制约

虽然契约自由是市场经济的基本原则之一，但是其行使并非绝对，受到法定范围的制约。法律对契约自由进行了明确规定，规范了一系列不得违反的基本原则，如合同内容合法性、禁止违法用途等。契约自由在法定范围内发挥作用，旨在确保市场行为的合法性和公平性。

在契约自由的法定范围中，法律首先规定了合同内容的合法性原则。合同的内容必须符合法律的规定，不得违背公序良俗，不得侵犯他人的合法权益。这一法定原则旨在保护市场主体的合法权益，防止不正当合同导致的法律纠纷和社会不稳定。

另一个重要的法定范围制约是对禁止违法用途的规定。合同的目的和内容不得用于违法行为，不得违背社会公共利益。法律对于违法用途的禁止规定，旨在防范市场主体通过合同达成违法目的，保障社会公共秩序的稳定和健康发展。

法定范围的制约还体现在对不公平合同的打击与防范上。法律规定了一系列不公平合同行为，如强制订立、霸王条款等，明确了这些行为的法律后果。这种制约机制有助于防止市场主体通过不正当手段获得不当利益，维护市场经济中的公平竞争环境。

契约自由在法定范围内的制约同时保障了市场主体的自由权利，避免了滥用契约自由的行为对市场经济的不良影响。法定范围的制约在于平衡契约自由的自主性和社会公共利益的需要，确保契约自由在法治框架内有序发展。

3. 自由的市场秩序构建

契约自由作为市场经济的基本原则，通过促使经济主体自由协商、订立和解除合同，构建了自由的市场秩序。在契约自由的框架下，市场主体在经济交易中表现出更大的灵活性和高效性，这有利于资源的有效配置和市场效率的提高。

在自由的市场秩序中，契约自由首先体现在市场主体的自主协商能力上。市场主体在合同订立和履行过程中拥有广泛的协商自由，能够根据双方的需求、利益和情境进行灵活协商，制定合适的合同条款。这种自主协商的特性使市场交易更具灵活性，有助于适应市场的动态变化。

契约自由还通过市场主体的自由选择权促进自由的市场秩序。市场主体有权选择是否进入合同关系，以及与哪些合同相互关联。这种自由选择权使市场主体能够根据市场需求、竞争状况和自身战略进行理性决策，推动市场的健康运行。

在自由市场秩序中，契约自由的体现还表现在市场主体的自由退出和解除合同的权利上。在一定的法定条件下，市场主体有权自主决定终止合同关系，而无须经过外部机构的干预。这种自由退出权利保障了市场主体的独立性和自主选择能力。

契约自由构建的自由市场秩序有助于推动资源的有效配置。市场主体在自由的合同环境中可以更加灵活地调整资源配置，迅速应对市场需求的变化。这种市场效率的提高不仅促进了经济主体的利益最大化，还有助于推动整个市场的健康发展。

（三）契约自由与市场效率的关系

1. 自由契约环境的市场促进

契约自由原则与市场效率密切相关，创造了自由的契约环境，促使市场主体更加灵活、高效地进行经济交易，不仅使市场主体更好地适应市场需求，而且推动了市场的积极运作。

第一，自由的契约环境为市场主体提供了广泛的协商自由。市场参与者在契约自由的框架下可以自主协商、订立和解除合同，无须过多的外部干预。这种协商自由有助于双方在平等地位下就合同条款进行灵活谈判，适应市场动态变化，使市场交易更加灵活高效。

第二，自由的契约环境激发了市场主体的创新与竞争力。在自由的契约环境中，市场主体不仅能够自由选择合同对象，还能够灵活设计合同内容，以满足市场需求。这种自由激发了市场主体的创新能力，推动了产品和服务的不断优化，促使市场保持竞争活力。

第三，自由契约环境还促进了资源的有效配置。市场主体在契约自由的基础上可以更灵活地配置资源，根据市场需求和供给情况进行调整。这种灵活性有助于避免资源浪费，提高资源的利用效率，推动整个市场朝着更加有效的方向发展。

总之，自由的契约环境降低了市场交易的成本。市场主体在自由的契约环境中能更快速地达成协议，减少交易的摩擦和阻力。这种高效的交易机制有助于市场的流通，提高市场的流动性，为市场参与者提供更多的商机。

2. 资源有效配置的推动

契约自由原则为推动资源的有效配置提供了有力支持。在市场主体自由协商合同的过程中，契约自由的灵活性使市场能更加灵敏地配置资源，快速适应市场变化，从而提高整体市场效率，促进资源的最优利用。

第一，契约自由为市场主体提供了广泛的协商自由。市场主体在自由协商的环境中，能根据各自的需求、利益和情境进行自由协商。这种自由协商的过程中，市场主体可以灵活地约定合同条款，包括资源的供应、价格、交付方式等，以最大限度地满足市场需求。

第二，契约自由的灵活性激发了市场主体的创新能力。在自由的契约环境中，市场主体不仅可以选择合同对象，还能够创造性地设计合同内容，以满足市场的多样需求。这种创新性的契约设计有助于优化资源配置方式，推动市场资源的更加有效利用。

自由协商合同还提高了市场主体对信息的敏感性。市场主体在协商合同的过程中，需要对市场信息进行深入了解，以更好地确定合同内容。这种信息的敏感性使市场主体更具预见性，有助于避免资源配置中的不确定性，提高资源配置的准确性和有效性。

第三，契约自由还降低了市场交易的成本。市场主体在自由的契约环境中能更快速地达成协议，减少交易的摩擦和阻力。这有助于降低资源配置的交易成本，提高资源配置的效率，使市场能更加实现资源的最优配置。

3. 市场效率与公平竞争的平衡

在契约自由的推动下，市场效率的提高并非以削弱公平竞争为代价。相反，自由的市场秩序为公平竞争提供了更广阔的平台，使市场主体在公平竞争中更好地发挥个体优势。

第一，契约自由为市场主体提供了平等的竞争机会。在自由协商合同的环境中，市场主体能根据自身的能力、创新力和资源状况，自由选择合同伙伴，制定合同内容。这种平等的竞争机会使每个市场主体在市场上都有机会实现自己的优势和潜力，从而形成公平竞争的基础。

第二，自由的市场秩序激发了市场主体的创新竞争。契约自由原则鼓励市场主体在合同中充分发挥创新意识，设计独特的产品或服务，以获得市场份额。这种创新竞争不仅提高了市场效率，同时也为市场主体提供了在公平竞争中脱颖而出的机会。

第三，契约自由原则还通过强调法治与公正，保障了公平竞争的制度基础。法律对不正当竞争行为进行明确规定，确保市场主体在竞争中遵循公平的规则。这种法治环境有助于打击垄断、欺诈等不正当手段，保持市场的公平性。

总之，契约自由原则为市场提供了信息透明的基础，促进了市场主体之间的公平竞争。市场主体在自由的契约环境中需要充分披露信息，使市场信息更加透明。这有助于防止信息不对称，保障市场主体在公平竞争中能够基于准确的信息做出决策。

二、契约责任的法律规定与解读

契约责任的法律规定与解读框架如图 3-3 所示。

```
                          ┌─ 法律对契约责任的明确规定
            契约责任的法律构建 ─┼─ 违约责任的明确界定
          ┌                   └─ 法律对契约责任的明确规定
          │
契约责任的  │                   ┌─ 不可抗力的法定免责事由
法律框架  ─┼─ 法定免责事由的设定 ─┤
          │                   └─ 免责事由的公平与合理性
          │
          │                          ┌─ 法律对责任的限制规范
          └─ 契约责任的限制与公平交易 ─┼─ 责任限制与公平交易协调
                                     └─ 法律对不公平契约的打击与防范
```

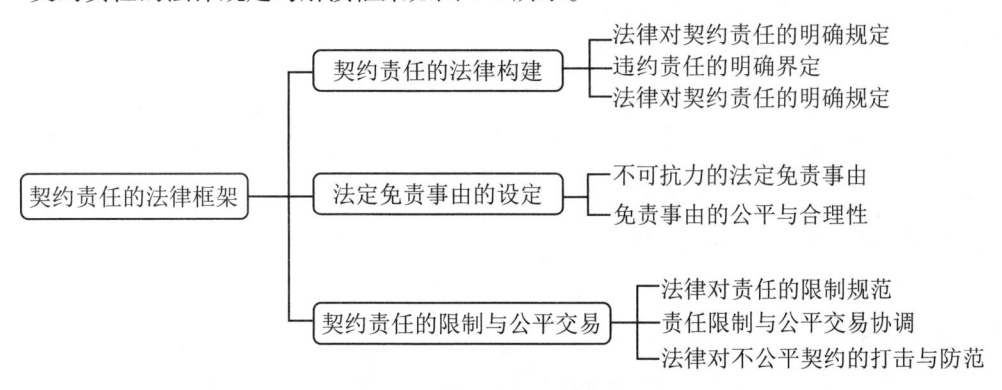

图 3-3 契约责任的法律框架图

（一）契约责任的法律构建

1.法律对契约责任的明确规定

契约责任作为契约自由原则的必然补充，在法律中得到了详细而明确的规定。在法律体系中，尤其是合同法等相关法规，对市场主体在契约中所订立的义务履行方面进行了具体的法律规定，形成了关于契约责任的清晰法律框架。

合同法作为契约法规的核心，对契约责任的明确规定主要包括违约责任和履行责任。首先，合同法对违约责任进行了详细规定。在契约中，当一方未按照合同约定的条件履行其义务时，就构成了违约。合同法规定了违约方应当承担的法律责任，包括但不限于违约金、损害赔偿等，以保障市场主体的合法权益，促使其履行合同义务。

其次，合同法对履行责任也作了具体规定。市场主体在契约中所订立的义务，涉及时间、地点、方式等方面的履行要求，合同法对此进行了详细而全面的规定。这不仅包括了对一般性的履行义务的规范，还涉及了特殊情况下的履行要求，如在紧急情况下的紧急履行等。这样的规定为市场主体提供了明确指引，使其在履行契约义务时能够有法可依，减少合同履行中的不确定性。

最后，法律还规定了对不同类型合同的不同责任规则。例如，对于劳动合同、买卖合同、租赁合同等不同类型的契约，法律在契约责任方面作出了相应的区分和具体规定，以更好地适应各类契约关系的特殊性和复杂性。这有助于确保法律规定的契约责任更符合各种实际情境的需要，提高法律的适应性和灵活性。

2.违约责任的明确界定

法律在对违约责任进行明确界定时，规定了违约的定义、违约的种类以及违约后果等要素。这种明确的法律构建不仅有助于确保市场主体按照合同的约定履行其义务，而且明确了市场主体在违约情况下应该承担的法律责任。

首先，法律对违约进行了明确定义。在契约关系中，违约指的是市场主体未能按照合同的约定履行其义务的情形，包括违反合同条款、无法履行、履行不完全等多种情形。这有助于确保违约概念的清晰性，使各方在契约履行过程中能够明确何种行为构成违约。

其次，法律对违约的种类进行了具体划分。违约责任根据违约的性质和情节可以分为主观违约和客观违约、履行后违约和履行前违约等多种类型。这种分类有助于更准确地判断违约的性质，进而确定相应的法律责任。例如，对履行前违约和履行后违约的不同处理，体现了法律对于违约责任的精细化管理。

最后，法律对违约后果进行了详细规定。违约后的法律责任包括但不限于违约金、损害赔偿、履行追索等。违约责任的种类和数额在合同中得到约定，也受到法律的制约和规范。这有助于维护市场主体的合法权益，推动违约方积极履行合同义务，同时为受损方提供合法的救济途径。

3.损害赔偿等相关法律责任的规定

在合同履行过程中可能发生的损害赔偿等法律责任方面，法律进行了详细的规定，包括损害赔偿的计算方法、责任主体、追索程序等多个方面。这些具体规定旨在保障受损害一方的合法权益，同时为市场主体提供明确的法律依据。

第一，法律对损害赔偿的计算方法进行了详细规定。损害赔偿的计算涉及赔偿的范围、损失的计算标准等多个方面。法律规定了赔偿的基本原则，即赔偿应当包括直接损失和间接损失，包括合同履行的利益、合同外的损失等。此外，法律还明确了赔偿额的计算方法，通常是以实际损失为基础，同时考虑合同的特殊性和违约方的过错程度等因素。

第二，法律对损害赔偿的责任主体进行了具体规定。在合同关系中，违约方通常为赔偿的责任主体。法律规定了违约方对于受损害一方的赔偿责任，并明确了不同类型的违约行为应当承担的赔偿责任。此外，法律还考虑了无过错责任、连带责任等情形，为确保受损害一方的权益提供了法律保障。

第三，法律还规定了损害赔偿的追索程序。受损害一方在发生损害后，通常需要通过法定的程序向违约方追索损害赔偿。法律规定了追索的时效、追索的方式以及追索时应提供的证据等方面的规定，以确保受损害一方在法律框架内有效行使其追索权。

（二）法定免责事由的设定

1. 不可抗力的法定免责事由

法律并非对所有违约行为都予以追责，特别是在不可抗力的情况下，市场主体可能免除因不可抗力而产生的违约责任。法定免责事由的设定在契约关系中发挥着重要的作用，有助于在特殊情况下平衡契约双方的权利义务关系，避免因不可抗力事件导致的不公平追责。

不可抗力是指在契约履行过程中，由于无法预见、无法避免、无法克服的外部因素，使市场主体无法履行合同义务。法律充分认识到在某些情况下，市场主体可能面临无法预见或防范的自然灾害、战争、政治事件等不可抗力事件，因此规定了法定免责事由，使市场主体在不可抗力事件发生时能够免除或减轻违约责任。

第一，法定免责事由包括了一系列不可抗力事件。这些事件可能包括但不限于自然灾害，如地震、洪水、火灾；社会事件，如战争、政治动荡；以及人为因素，如罢工、恶意破坏等。法律通过列举这些事件，使其成为免责的法定事由，为市场主体在面临这些不可抗力事件时提供了合法的免责依据。

第二，法律规定了不可抗力发生时市场主体应当采取的合理措施。在不可抗力事件发生时，市场主体有责任采取一切合理的措施以减轻损失，尽力避免对合同履行造成更大的困扰。法律对此进行了明确规定，以保障市场主体在面对不可抗力时的合理行为，同时避免滥用不可抗力免责权。

第三，法律明确了市场主体在主张不可抗力免责权时应当及时通知对方的义务。及时通知是为了让对方及早了解不可抗力的发生，避免因未及时通知而导致的争议和纠纷。这种通知义务有助于维护市场主体之间的透明度和诚实信用原则。

2.免责事由的公平与合理性

法律对免责事由的设定提出了公平和合理性的要求，要求合同中的免责事由符合法律规定，不得违背公序良俗。这确保在市场经济环境下的合同关系中，免责事由的设置既能维护当事人的自由意愿，又能保护社会公共利益。

第一，免责事由的合法性受到法律的约束。法律规定了合同的基本原则和规范，包括契约自由、平等自愿、公平交易等。合同中的免责事由必须符合这些法定原则，不得违反法律规定。合法性的要求确保了免责事由的设定在法律框架内进行，市场主体不得通过不正当手段规避法律的规范。

第二，免责事由的公平性是确保契约关系平等和公正的关键。在合同中事先约定免责事由时，市场主体应该在平等的地位上进行协商，并确保合同的条款不会对一方造成明显的不利影响。法律对于合同的公平交易原则要求市场主体在签订合同时应当注重权利的平衡，保障弱势市场主体的权益，以防止免责事由的滥用。

第三，合同中的免责事由应当符合公共利益的要求。公共利益包括社会的法律秩序、公共安全、环境保护等多个方面。合同中的免责事由不得涉及违背公共利益的内容，避免因免责事由的设定导致对社会整体利益的损害。法律对公共利益的保护体现了法律对于社会和公众权益的关切。

（三）契约责任的限制与公平交易

1.法律对责任限制的规范

为平衡契约责任的权利义务关系，法律规定了一定的责任限制，允许市场主体通过事先约定的方式对合同责任的范围进行限制。这种责任限制的规范旨在保护市场主体在合同关系中的公平交易权益，为契约自由提供了一定的法律基础。

第一，法律允许市场主体通过合同条款对责任进行限制。在契约自由原则的基础上，法律为市场主体提供了一定的自主权，使其可以通过谈判和协商事先约定合同条款，包括对责任范围的限制。这有助于市场主体在合同履行的过程中更为明确地了解其权利和义务，减少不确定性，促进合同的签订和履行。

第二，法律规范了责任限制的范围和方式。责任限制不是无限制的，法律对其进行了一定的规范。例如，在合同中的责任限制不得违反法律法规、公序良俗，不得排除或减轻一方在故意或重大过失下的责任等。这种规范有助于防止合同中责任限制的滥用，保障合同关系的公平性和合理性。

第三，法律规定了特定情形下的责任限制原则。例如，在消费者合同中，法律通常对供货者的责任限制提出了更高的要求，以确保消费者在交易中的合法权益得到充分的保障。这种特殊原则的设定是为了平衡合同关系中弱势市场主体与强势市场主体之间的权利关系，保障合同的公平性。

2.责任限制与公平交易的协调

责任限制的设定并非无限制，法律对其进行了一定的限制和规范，以确保责任限制不损害公平交易原则。法律要求责任限制应当合理、公平，并不得侵犯合同一方的基本权利。这种法律规范有助于维护市场主体在契约关系中的公平权益，实现责任限制与公平交易的协调。

第一，法律规定了责任限制的合理性要求。责任限制在合同中的设定应当是合理的，不能过分倾斜于一方，导致合同关系中的不平等。合理性的要求使责任限制的设定需要在市场主体之间的谈判和协商基础上进行，避免单方面设置过于苛刻的责任免除条款，保障合同双方在权利和义务上的平等地位。

第二，法律要求责任限制应当公平。在合同关系中，责任限制不得违背公平交易的原则。法律规定了责任限制的设置不得违反法律法规、公序良俗，确保合同的签订和履行过程中双方能在公平的基础上进行交易，避免因责任限制而导致合同的不公平性。

第三，法律要求责任限制不得侵犯合同一方的基本权利。合同一方在责任限制的设定过程中，仍然应当享有在法律框架下的基本权利。法律规范了责任限制不能排除或减轻一方在故意或重大过失下的责任，维护了合同一方在合同履行中的基本权益，确保其在有限度内仍能对合同违约行为负应有的法律责任。

3.法律对不公平契约的打击与防范

为防范不公平契约行为，法律规定了不公平合同的认定标准和处理机制，以严厉打击强制订立、霸王条款等不公平契约行为，保护弱势市场主体的合法权益。这一法律框架旨在维护契约自由原则的同时，确保合同关系中的公平和合理性。

一方面，法律对不公平契约行为进行了明确定义。不公平契约通常涉及一方在合同中占据相对强势地位，通过剥夺对方的平等谈判权利，或者设置不合理的合同条款，导致合同关系的不平等。法律规定了不公平契约的认定标准，包括但不限于合同的条款是否明确、是否涉及霸王条款等，以确保对不公平契约行为的准确定义。

另一方面，法律规定了不公平契约的法律后果。一旦合同被认定为不公平契约，法律规定了相应的法律后果，可能包括合同的部分或全部无效、违约方的赔偿责任等。这种法律后果的规定有助于弱势市场主体在受到不公平对待时能依法维权，增加了不公平契约行为的法律风险。

总之，法律强调了公平交易的原则。公平交易原则是合同法体系的基石之一，法律明确规定了市场主体在签订合同时应当遵循公平交易的原则，强调合同双方的平等地位和谈判自愿。这有助于预防不公平契约行为的发生，促进市场主体之间的公平竞争和合作。

三、契约自由与公共利益的平衡

（一）契约自由的法律制约

1.法律对契约自由的框架建构

契约自由在法律体系中的行使并非无限制，其受到公序良俗的法律制约。法律通过建构契约自由的框架，明确了契约自由的法律边界，规定了一系列不得违反的基本原则，以确保契约自由在法律框架内得到合理行使。

第一，法律规定了契约自由的基本原则。契约自由原则作为合同法的核心理念，允许市场主体在平等地位上自主协商合同条款，实现自由意愿的发表。这一原则确保了市场主体在契约关系中能依据自身需求和利益进行自由选择，促进合同的签订和履行。

第二，法律规定了禁止合同的非法目的。合同的目的必须合法，符合法律法规的规定。法律禁止通过合同达成违法目的，防范合同的滥用和违法行为。这一规定限制了契约自由的行使范围，要求合同的目的符合社会公序良俗。

第三，法律规定了禁止侵犯他人合法权益的原则。在契约自由的框架内，法律明确规定合同不得侵犯他人的合法权益，包括但不限于侵权、妨害公共利益等。这一原则旨在保护社会公共利益和弱势市场主体的权益，使契约自由在法律规范下更具有道德和社会责任。

第四，法律规定了契约自由的行使应当遵循诚实信用原则。市场主体在契约自由的过程中应当保持诚实守信，不得采取欺诈手段。这有助于维护合同关系的公平性和诚信度，防范因契约自由的滥用而导致的不当得利。

2.基本原则的法律规定

法律对契约自由的法律制约主要体现在对基本原则的规定上，其中包括合同订立的自愿性、平等性、公平交易等原则。这些基本原则构成了契约自由的法律框架，旨在通过明确定义的法律原则，确保契约自由的行使不仅合法合规，而且符合社会公共利益。

第一，法律规定契约自由的自愿性原则。合同的订立应当是当市场主体在无外部压力或不当干预的情况下，基于真实意愿和真实情况的自主决定。法律要求市场主体在契约自由的过程中能够充分表达自己的真实意愿，避免强迫、欺诈等违背自愿原则的行为。

第二，法律规定契约自由的平等性原则。市场主体在契约关系中应当处于平等的地位，不得出现明显的强势和弱势。法律对于合同中存在不平等关系的情形提供了规范，以保护弱势市场主体的权益，防止合同关系中的不公平交易。

第三，法律规定契约自由应当符合公平交易原则。公平交易原则是合同法的基本原则之一，要求市场主体在契约自由的过程中遵循公平、正直、信用的原则，不得采取欺诈手段。这有助于维护合同关系的公正性和诚实度，促使市场主体在契约自由的框架内进行诚实守信的交易活动。

3.禁止侵犯他人权益的法定规范

法律对契约自由的法律制约在禁止侵犯他人权益的法定规范上得到体现。在合同的订立和履行过程中，法律明确规定不得通过损害他人合法权益的方式来实现契约目的。这一法定规范的制定旨在通过禁止侵权行为，维护市场主体的合法权益，确保契约自由在法律框架内得到合理行使。

第一，法律规定了禁止侵犯他人财产权益的原则。在契约自由的过程中，市场主体不得通过合同的方式侵犯他人的财产权益，包括但不限于盗窃、诈骗等手段。法律通过规定财产权益的保护，确保契约关系中的合法权益不受侵害。

第二，法律规定了禁止侵犯他人人身权益的原则。合同的订立和履行过程中，不得通过损害他人人身权益的方式来达成契约目的。法律通过规范人身权益的保护，包括但不限于生命权、健康权、名誉权等，以确保契约自由地行使不损害个体的基本人权。

第三，法律规定了禁止侵犯他人知识产权的原则。在契约自由的范围内，市场主体不得通过侵犯他人的知识产权来达成合同目的，包括但不限于侵犯专利、商标、著作权等。法律通过规范知识产权的保护，促进创新和知识产权的正当流通。

（二）契约自由与公共利益的协调

1. 法律对合同内容的保护和约束

契约自由和公共利益之间的协调在合同内容方面得到法律的保护和约束。法律规定了一系列对合同内容的保护措施和约束规定，旨在确保合同的目的和履行过程符合公共利益。其中，法律明确规定合同中不得包含违法或违背公共道德的内容，以维护社会公共利益，促使契约自由在法律框架内合理行使。

第一，法律规定了合同内容不得违法的原则。合同的目的和履行过程中，合同内容必须符合国家法律法规的规定，不得违反法律的强制性规定。这一原则旨在保障法治和社会秩序，防范合同行为对社会公共利益造成潜在威胁。

第二，法律规定了合同内容不得违背公共道德的原则。合同中的条款不得违背社会普遍认可的道德准则，不得涉及不道德、不正当竞争等行为。这一原则有助于确保合同的目的和履行过程中的公共道德观念得到尊重，维护社会的道德底线。

第三，法律对合同内容进行了特定领域的约束，如劳动合同、租赁合同等。在这些特定领域，法律规定了一些必须包含或者不得包含的合同条款，以保护弱势市场主体的合法权益，促进公平交易。

2. 契约自由在公共利益保护中的作用

契约自由在公共利益保护中发挥着重要作用，法律通过对契约自由的制约，实现了公共利益的维护。契约自由在法定范围内的合理行使，既保护了市场主体的自由意愿，又通过限制合同内容，确保了公共利益不受损害。契约自由作为一种制度安排，有助于协调市场自由和社会公共利益之间的关系，促进了社会的平衡发展。

一方面，契约自由的制约有助于保护市场主体的自由意愿。在契约自由的框架内，市场主体能自主选择合同内容、签署合同并履行合同义务。法律规定了契约自由的自愿性原则，确保了市场主体在契约关系中的自主权，从而维护了市场主体的基本权利。

另一方面，通过限制合同内容，契约自由有助于确保公共利益不受损害。法律规定了一系列的合同内容约束，包括不得违法、不得违背公共道德、不得损害他人权益等规定，从而防范了契约行为对社会公共利益造成潜在威胁。这种限制有助于协调契约自由与公共利益之间的冲突，确保契约自由的行使不违背社会公共利益。

契约自由作为一种制度安排，有助于协调市场自由和社会公共利益之间的关系。在市场经济中，契约自由的行使为市场提供了灵活性和效率，但如果过度自由可能导致不公平交易、市场垄断等问题。通过法律的制约，契约自由得以在法定范围内进行，维护市场秩序和社会公共利益。

3.协调市场行为的公平和正当性

契约自由的行使需要精心协调市场行为的公平和正当性。法律对合同履行过程中的公共利益进行约束，以确保市场行为不仅在契约自由的框架内进行，而且符合社会公共利益的要求。这种法律的制约有助于维护市场秩序的公平和正当性，促使市场主体在契约自由的同时充分考虑社会公共利益的合理性。

第一，法律规定了合同内容的公平原则。在契约自由的过程中，法律明确规定合同的订立和履行应当符合公平原则，禁止不公平、不正当竞争的行为。这有助于确保市场行为的公平性，防范市场主体通过合同损害其他市场主体的合法权益，促进市场的公正运作。

第二，法律规范了市场主体的行为义务。合同自由并不意味着无限制行使，法律规定了合同当事人在契约过程中的诚实守信、善意合作等基本义务。这有助于确保市场主体在契约自由的框架内展开合作，维护市场秩序的正当性。

第三，法律通过禁止不正当竞争、打压市场垄断等手段，保障市场的竞争环境，促进市场的公平竞争。这种法律的干预有助于协调市场行为，使市场主体在契约自由的基础上参与公平、正当的竞争，维护市场的公平和正当性。

（三）法律对不公平契约的打击与防范

1.不公平契约的认定标准

为防范不公平契约行为，法律在合同法领域设定了一系列认定标准，以确保契约的公平和合法性。其中，对于强制订立和霸王条款等不公平行为，法律明确定义了相应的规定，以便对这些行为进行准确的识别和处理。

一方面，强制订立是一种常见的不公平契约行为，指一方在合同谈判过程中对另一方施加不合理的压力或强迫，迫使其接受不利于自己的合同条件。法律对强制订立的认定通常考虑市场主体之间的权力对称性，以及是否存在明显的不公平交易条件。这有助于防范强势一方滥用权力，确保合同基于自愿和平等的基础达成。

另一方面，霸王条款是指合同中某一方设置的不合理或不平衡的条款，通过操纵合同条件来获取过度的权利或利益。法律对霸王条款的认定往往涉及对合同条款的具体内容和效果进行详细分析，以确定是否存在不公平的权利分配。此外，法律还关注条款是否明确、易于理解，以确保市场主体在签署合同时能够理解其权利和责任。

2.处理机制的明确规定

法律体系在应对不公平合同的问题上，通过明确的处理机制规定，为受害方提供了明确的救济途径，从而有效维护了弱势市场主体在不公平合同关系中的合法权益。这一法律规定的实施对于社会公共利益的维护起到了积极的作用。

一方面，法律规定了一系列救济途径，以确保受害方能够通过法律手段有效地应对不公平合同。其中包括但不限于合同无效、损害赔偿、违约金的减免或返还等救济方式。这有助于消除市场主体之间的不平等地位，使弱势一方在不公平合同关系中获得更加平等的法律地位。通过明确规定救济途径，法律为市场主体提供了在面对不公平合同时的合法选择，从而增强了法律的公正性和可操作性。

另一方面，法律明确规定了处理不公平合同的程序和标准，以确保救济的过程具有法律的透明性和可预测性。这一方面体现在司法机关对于不公平合同案件的审理标准，强调对合同条款的合理性和合法性进行审查，防止不公平条款的滥用。另一方面，则表现在法庭对于救济措施的裁量标准，即在救济的范围和力度上，法官会根据具体案情综合考量，确保救济的公平和合理性。

3.法律对不公平合同的严厉打击

法律对不公平合同的严厉打击体现了对不正当竞争和不公平交易行为的零容忍态度。在法律框架下，对不公平合同进行严厉打击的规定是为了维护市场主体在合同关系中的公平权益，促进市场经济秩序的健康运行。

一方面，法律通过对不公平合同的明确界定，为相关行为的追究和处罚提供了法律依据。对于合同中存在的不正当竞争和操纵行为，法律规定了明确的法律责任，包括但不限于合同无效、罚款、违约金的减免或返还等措施。这样的法律规定明确了对不公平合同的法律后果，使市场主体在合同关系中具备更为明确的法律保障。

另一方面，法律通过建立有效的执法机制，强化了对不公平合同行为的监管和惩戒。相关执法机关在执行过程中，对于涉嫌不公平合同的案件进行认真审查和追踪，确保执法过程的公正性和透明性。此外，法律还规定了对于不公平合同的投诉举报机制，鼓励市场主体积极参与，以促进及时发现和打击不正当竞争行为。

第三节 市场竞争与反垄断法

一、市场竞争秩序法

（一）市场竞争的基本原则

1.公平竞争的基石

市场竞争秩序法的确立标志着对市场竞争的法律框架进行了系统性的规范，其中最为核心的基本原则之一就是公平竞争。在市场经济体制框架下，竞争被视为一种高效的资源配置手段，而公平竞争则被奠定为确保资源合理配置的基石。市场竞争秩序法对公平竞争的强调，旨在营造一个公正、透明的市场环境，为各市场主体提供一个平等的竞争舞台，以充分发挥竞争的经济动力。

在这一法律框架下，公平竞争的基石体现在对竞争的定位与理解上。竞争不仅是一种经济现象，更是一种资源配置的有效工具。市场竞争秩序法将竞争视为一种手段，通过市场机制推动资源的高效配置，促进经济效益的最大化。这种观点反映了市场经济体制对竞争作用的深刻理解，突显了竞争作为一种自发的、动态的力量，有助于推动市场的良性运行。

在市场竞争秩序法的指导下，公平竞争的实现需要建立在公正、透明的市场环境之上。法律强调了营造这一环境的必要性，旨在确保市场主体在参与竞争时享有平等的机会，不受不正当手段的侵害。透明度的要求涉及信息公开、交易规则等方面，这有助于减少信息不对称，提高市场的效率和公平性。

更为具体而言，市场竞争秩序法规范了一系列可能扭曲竞争的行为，如个体垄断、垄断协议等。这为防范不正当竞争提供了明确的法规基础，确保市场主体在竞争中不会因为某些市场支配者的不当行为而受到不公平的待遇。因此，公平竞争的基石体现在对市场行为的规范与制度的建构上，强调通过法律手段维护竞争的公正性。

2.防止不正当竞争的重要性

市场竞争秩序法的着眼点之一在于强调防止不正当竞争的重要性，这不仅是为了维护市场秩序的正常运行，更是为了阻止不道德、不公平的竞争行为对经济效益造成负面影响。不正当竞争行为的存在可能导致市场秩序的扭曲，甚至破坏市场的公平性，对整体经济效益的最大化构成威胁。

在市场竞争环境下，不正当竞争行为可能包括虚假宣传、商业诽谤、价格欺诈等。这些行为可能导致市场主体受到不公平的待遇，破坏了竞争的基本规则。市场竞争秩序法的强调在于通过法律手段明确规定不正当竞争行为，为打破这一负面循环提供法规保障。这一法律框架旨在确保市场主体在公平、透明的环境中进行竞争，有助于建立一个公正的市场秩序。

防止不正当竞争具有直接的经济效益，因为这有助于提高市场的效率和公正性。例如，通过规范虚假宣传行为，消费者能更准确地了解产品或服务的真实情况，从而做出更为明智的购买决策。这种信息的真实公平有助于提高市场的运作效率，促进资源的合理配置。

另外，防止不正当竞争也有助于维护市场主体的合法权益，特别是小型企业和新进入者。在竞争激烈的市场环境中，不正当竞争行为可能使一些市场主体因为无法应对不公平手段而被迫退出市场，从而破坏市场的竞争格局。市场竞争秩序法的制定旨在通过法律规范，保障市场主体在竞争中的平等地位，推动经济的稳健发展。

（二）市场竞争的法律框架

1.规范垄断行为

市场竞争秩序法的制定标志着对限制竞争行为进行详细规范的法律框架的建立，其中特别强调了对垄断行为的明确规定。这一法规体系的目的在于防止市场主体通过不正当手段垄断市场资源，从而损害其他市场主体的合法权益，并保障整个市场的公正性。通过对垄断行为的规范，市场竞争秩序法为市场主体提供了在公正竞争环境中共同发展的法律保障。

市场竞争秩序法对垄断行为进行了明确的规定，以确保市场主体不能通过非法手段实施操纵市场价格、阻碍市场进入等行为。这一系列规定旨在避免市场主体通过滥用市场支配地位来排除其他竞争者，确保市场的公平竞争环境。通过法律的制定，垄断行为被定义为违法行为。对其实施进行明确的界定，为市场的稳定运行提供了法律基础。

这一法规的制定对市场主体具有双重作用。首先，它有助于防范垄断行为对市场秩序的破坏。市场主体若滥用其市场支配地位，可能通过操纵价格、限制市场进入等方式扰乱市场秩序，损害其他竞争者的合法权益。市场竞争秩序法的规范使这些行为受到法律制约，为市场秩序的正常运行提供了有力的保障。

其次，它为市场主体提供了在公平竞争环境中共同发展的机会。通过规范垄断行为，市场竞争秩序法确保市场主体在竞争中遵循合规的规则，防止某一市场主体通过不正当手段获取不正当竞争优势。这有助于建立公平的市场竞争环境，激发各市场主体的活力，促进资源的有效配置。

2.禁止垄断协议的制定

市场竞争秩序法不仅对垄断行为进行了规范，而且对垄断协议的制定进行了明确的规定，旨在避免多个市场主体通过不正当手段达成协议，排除其他竞争者，以此破坏市场的竞争格局。垄断协议可能通过限制竞争、分割市场、共同抬高价格等方式，损害市场公平竞争的环境。市场竞争秩序法通过对垄断协议的规范，强调了建立公平的市场竞争环境的重要性，为推动市场的健康发展提供了法律保障。

该法规对垄断协议的明确规定主要包括对协议范围的明确划定，以确保市场主体在达成协议时不违背公平竞争原则。垄断协议的范围包括但不限于价格协议、市场分割协议等，从而防止市场主体通过协议的形式限制竞争、排除其他竞争者。这一规定旨在维护市场的竞争公平性，确保市场主体在竞争中遵守法规，不通过协议达成对市场的不当操控。

通过禁止垄断协议的制定，市场竞争秩序法在制度上防范了市场主体通过合谋手段达成不正当竞争优势的可能性。这有助于建立公平的市场竞争环境，使得市场参与者能够在公平的基础上进行竞争。垄断协议的禁止规定促使市场主体在协商中遵循法定的竞争规则，加强了市场行为的合规性，有助于防范市场的不正当竞争行为，从而推动市场的健康和可持续发展。

3.防范滥用市场支配地位

市场竞争秩序法的制定不仅致力于规范垄断行为和垄断协议，更强调了防范滥用市场支配地位的重要性。这一法规旨在保护市场主体的公平竞争权，防止某一市场主体通过滥用其市场支配地位来扭曲竞争格局，以确保市场的开放性和竞争性。

滥用市场支配地位可能导致市场竞争的不公平性，使市场上的其他竞争者面临被排挤的风险。市场主体通过滥用市场支配地位可能采取一系列手段，如限制交易、拒绝合作、操纵价格等，从而阻碍其他竞争者的正常参与。市场竞争秩序法对此提出了明确规定，以

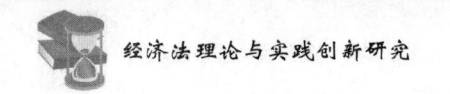

避免市场主体通过不正当手段破坏竞争的基本规则。

该法规的防范滥用市场支配地位的措施主要包括对滥用行为的具体界定，明确禁止滥用市场支配地位的不正当行为。这涉及明确市场主体在交易过程中不得采取的行为，如限价交易、拒绝交易等。这一规定有助于防止市场主体通过滥用市场支配地位来获得非竞争性的优势，确保市场的公平竞争环境。

通过对滥用市场支配地位的规范，市场竞争秩序法进一步强调了市场的开放性和竞争性的重要性。市场应当是一个公平的竞争平台，各市场主体在遵循规则的前提下，能够平等地参与竞争。防范滥用市场支配地位的规定有助于确保市场的竞争环境不受不正当行为的影响，从而促进市场资源的合理配置，推动经济的良性发展。

（三）市场监管机构的职责

1. 有效监管的保障

市场竞争秩序法的制定强调了有效监管的重要性，规定了相关的市场监管机构，并赋予了这些机构一系列职责，以确保市场竞争的有效运行。有效监管被视为保障市场公平竞争环境的关键措施，有助于维护市场秩序的正常运行。

监管机构的职责主要包括对市场行为的监测、调查并制止垄断行为。在市场竞争秩序法的指导下，监管机构成为市场的守护者，负责监督市场主体的行为，确保市场主体在竞争中遵循公平、透明的原则。监管机构的监测功能使其能实时了解市场的动向，发现可能扰乱市场秩序的违规行为，并及时采取措施。

调查并制止垄断行为是监管机构的核心职责之一。市场竞争秩序法赋予监管机构权力，对可能存在的垄断行为进行深入调查，一旦发现违规行为，及时采取有效措施进行制止。这种及时的干预有助于防止垄断行为对市场产生长期的不良影响，维护市场的公平竞争环境，为各市场主体提供了公平的竞争机会。

市场监管机构的存在不仅为市场提供了有力的法律支持，也对市场主体起到了警示作用。市场主体在知晓监管机构的存在和职责后，更倾向于自觉遵守法规，以免受到监管机构的制裁。这有助于提高市场的自律性，减少不正当竞争行为的发生，从而保障市场竞争的公平性和透明度。

2. 促进产业升级

市场竞争秩序法的实施为产业升级提供了有力的法律支持。通过规范市场竞争行为，特别是制止不正当竞争和垄断行为，该法为创新型企业创造了更为公平的竞争环境，从而推动了产业技术水平的不断提升。

首先，市场竞争秩序法的规范作用有助于打破不正当竞争行为对产业发展的阻碍。通过明确禁止虚假宣传、商业诽谤等不正当手段，法律将市场主体引导至诚实守信的竞争方式。这有助于提升市场信息的透明度，促使企业更加注重产品质量和服务水平，从而激发产业内的竞争活力，推动产业向更高水平迈进。

其次，市场竞争秩序法的反垄断规定为产业创新提供了更为公平的竞争环境。通过规范垄断行为和禁止垄断协议，法律确保了市场主体在竞争中遵循公平的原则，避免了市场主体通过不正当手段获得过大的市场份额。这有助于防止市场陷入寡头垄断的状态，为创新型企业提供了更广阔的市场空间，促进了产业结构的优化和更新。

最后，市场竞争秩序法的有效执行对于维护市场的公平竞争环境至关重要。监管机构的职责包括监测市场行为、调查并制止垄断行为，这为确保市场秩序的正常运行提供了法律基础。通过及时、有效地处理违规行为，法律强调了市场的规范和透明，为市场主体参与市场竞争提供了安全感，推动产业向着更具竞争力和创新性的方向发展。

二、反垄断法实践

（一）反垄断法的法律基础

反垄断法的法律基础体现了对市场竞争的法治支持，通过明确定义市场的边界和规范市场主体的行为，为打破垄断、促进市场多元化提供了坚实的法律基础。这一法律框架的建立旨在维护市场竞争的公平性、透明性，以促进经济的可持续发展。

首先，反垄断法明确定义了市场的边界，为市场主体的行为提供了明确的法律依据。通过界定市场的范围和主体，法律为监管机构提供了明确的目标和职责。这有助于避免模糊的市场边界导致的法律执行不确定性，为维护市场秩序提供了明晰的法律基础。定义市场边界还有助于防范市场主体通过不正当手段避免竞争，保障市场的公平竞争环境。

其次，反垄断法规范市场主体的行为，限制垄断行为的发生。法律通过对滥用市场支配地位、制止垄断协议、规范垄断企业的行为等方面进行明确规定，强调了市场主体在竞争中必须遵循的规则。这为打破垄断提供了法治保障，限制了垄断行为对市场竞争的不正当干扰。通过规范市场主体的行为，反垄断法为市场的公平竞争创造了有利的法律环境。

最后，反垄断法的法律基础还强调了监管机构的职责和权力。这些机构负责监督市场行为、调查并制止垄断行为，确保法律的有效执行。法律为监管机构提供了明确的法律依据和职权，使其能有效履行对市场的监管职责。这有助于维护市场竞争的公平性和透明度，为市场主体提供公平的竞争机会，促进市场的多元化和健康发展。

（二）反垄断法的经济法属性

经济法突破了传统公法、私法二元结构划分，兼备了公法和私法的第三法域。反垄断法是国家干预经济、克服市场失灵的重要法律手段，不仅调节经营者之间、经营者与消费者之间的利益关系，更重要的是通过行政手段规制垄断协议、滥用市场支配地位、经营者过度集中等限制竞争行为；不仅保护经营者、消费者的具体利益，更重要的是保护市场自由竞争秩序。反垄断法充分体现了个人利益与社会公共利益、个人本位与社会本位的双重立法思想和价值目标。因此，反垄断法不能简单归入私法或公法，而属于兼具公法、私法的经济法范畴。

1. 反垄断法是国家干预经济的法律基础

反垄断法作为国家干预经济、克服市场失灵的法律工具，在实施中突显了对市场竞争的法治支持。该法律框架的建立旨在弥补市场机制的不足，通过明确定义市场的范围和主体，为监管机构提供明确的目标和职责。反垄断法不仅是国家调节经济活动的政策工具，更是为保持经济活力、维护自由竞争秩序提供了法律依据。在这一层面上，反垄断法体现了国家对经济的适度干预，以维护公平有序的市场竞争环境，提高经济运行效率，促进经济健康发展。该法在立法和执法层面都呈现出一些独特特点，为维持市场秩序提供了法律基础。

从立法层面看，反垄断法本身的制度和规范通常较为原则，需要配合大量的细则、指引或判例，以更具体、有效地实施。其制度规范也往往不是简单的二元判断，而是需要进行效果分析。执法方面，反垄断法对垄断行为的认定和处罚往往综合考虑多方面因素，与市场竞争状况关系密切。反垄断执法机构通常被赋予更高的权威和自由裁量权，以保证对垄断行为的有效制止。这在各国的反垄断法体系中体现为一种适度干预，以维护市场竞争的公平性和透明度。

2.反垄断法以维护社会公共利益为目标

反垄断法在调整竞争关系时明确以维护社会整体利益为本位。在经济法的法律体系中，反垄断法属于市场管理法或市场运行调控法的主体，是维护市场竞争的基本法律制度之一。反垄断法的调整目标不是为了维护国家利益或某个市场主体的个体利益，而是出于对社会整体利益的考虑。通过规范市场活动，反垄断法旨在实现市场竞争的公平有序，进而追求社会整体利益的最大化。因此，反垄断法的法律定位明确体现了对社会公共利益的关注，强调了对市场竞争环境的整体维护。

反垄断法作为市场管理法的核心组成部分，其调整目标不仅限于维护个别市场主体的权益，更着眼于整个社会的长远利益。该法通过禁止排除或限制竞争的垄断行为，以保护众多市场主体的权益，同时也在法律层面上追求社会整体的和谐发展。反垄断法的制定和实施旨在促进公平竞争，防止市场失灵，以达到社会资源的合理配置和效益最大化的目标。

在市场经济条件下，反垄断法通过对垄断状态与垄断行为的规制，既保护了经营者和消费者的具体利益，也保护了市场自由竞争秩序。其法律调整的重心放在了防止垄断行为对市场机制的扭曲影响上，为社会整体提供了一个既有序又具有竞争激烈的市场环境。反垄断法的实施使市场的运作更为公正，各方参与者在一个开放、公平的竞争环境中共同发展，促进了社会整体利益的提升。

此外，反垄断法所涉及的调整手段不仅限于经济领域，更包括了行政、民事和刑事层面，形成了一个多层次、全方位的法律调整网络。通过对垄断行为的多方位规制，反垄断法在法治层面上体现了对社会整体利益的全面保障。这种法律手段的多样性也使反垄断法更为灵活、全面地适应不同市场条件下的调整需求，更好地维护了社会的公共利益。

3.反垄断法是以综合性的调整方法来调整竞争关系

反垄断法是经济法体系中一项重要法律制度，采用综合性的调整方法来调整竞争关系。该法通过多层次的手段对垄断状态和垄断行为进行规范，以维护市场竞争的公平、自由、有序。这种综合性的调整方法体现了反垄断法在经济法体系中的独特地位以及其在市场管理法中的主导作用。

第一，反垄断法采取行政手段进行调整。通过解割处于垄断状态的企业、发布禁令、批准或罚款等措施，反垄断法追求通过行政手段对垄断行为进行直接干预和规制。这种行政手段的使用旨在防止市场出现过于集中的垄断格局，保持市场的多元化和竞争性。反垄断法通过对市场主体的具体经营行为进行监管，强调对市场主体的直接干预，以维护市场的竞争秩序。

第二，反垄断法运用民事和刑事调整方法。不仅是依赖行政手段，该法对垄断行为的惩罚还涉及民事和刑事责任。在民事方面，反垄断法强调通过对违法行为的民事诉讼来追究责任，如判令垄断企业对损害的竞争对手进行三倍赔偿等。而在刑事方面，对于涉及构成犯罪的垄断行为，法律规定了相应的刑罚，以此来强调对垄断行为的惩罚性措施。这种多层次的调整方法使反垄断法更加全面、有力地维护市场竞争的公平和有序。

最重要的是，反垄断法与竞争政策法形成关联，共同构成市场管理法的核心。在竞争政策法中，反垄断法与反不正当竞争法作为主体，共同调整市场竞争关系，担负着维持市场自由、公平、正当、有序竞争的任务。反垄断法的特殊地位在于其着眼于排除或限制竞争的状态和行为，通过行政、民事和刑事手段进行多层次的综合性调整。这种调整方法为市场经济提供了有力的法律支持，为社会整体利益的最大化提供了法治保障，使市场秩序能在公平竞争的基础上得以良性发展。

第四节　市场监管与经济法的协调

一、监管机构与法规

（一）监管机构的设立与职责

1.监管机构的设立

监管机构的设立在经济法领域具有关键作用，旨在构建一个专业、高效的管理体系，以确保市场秩序的稳定和经济法规的有效执行。这一过程涉及对市场特点和经济体系结构的深入考虑，以更好地适应不同行业和领域的监管需求。

一方面，监管机构的设立是为了维护市场秩序。在现代市场经济中，各种经济主体相互交织，为了防范和制止不正当竞争、垄断等破坏市场公平竞争的行为，监管机构的存在至关重要。这些机构扮演着监察者的角色，通过规范和制度化的手段来确保市场的正常运行，防范市场失序和不正当竞争。

另一方面，设立监管机构是为了保障经济法规的有效执行。经济法规的实施通常需要专业的监管力量，以确保法规得到切实地执行和遵守。监管机构在这一过程中不仅负责制定具体的监管政策和措施，还需积极履行执法职责，对违规行为进行调查和处罚，以维护法治和社会公平。

监管机构的设立不是一刀切的，而是需要充分考虑市场的特点和经济体系的结构。不同行业和不同领域存在着各自的监管难题，监管机构需要具备专业性和灵活性，以更好地适应多样化的监管需求。此外，监管机构还应与产业主体、学术界等形成紧密的合作关系，以获取更准确、及时的信息，提高监管的科学性和有效性。

2.监管机构的职责

监管机构的职责是多方面而复杂的，监管机构的范围包括但不限于制定监管政策、调查违规行为、处罚违法主体等多个方面。这些职责的履行旨在确保市场秩序的正常运行，保护公众利益，维护社会公平。

第一，监管机构在制定监管政策方面发挥关键作用。监管机构的任务是综合考虑市场的运行状况、产业的发展趋势以及法律法规的要求，制定出具体、科学、可行的监管政策。这需要监管机构紧密关注市场的动态变化，及时更新和修订监管政策，以适应不断变化的经济环境。

第二，对违规行为的调查是监管机构的核心职责之一。在这个方面，监管机构需要依法采取专业手段进行取证和调查，确保对违规行为的全面、深入了解。这包括对市场主体的行为进行监测、检查违法事实的确凿性，以及评估违规行为对市场秩序的影响。通过科学、公正、透明的调查，监管机构可以制定有力的执法措施，保护市场公平竞争的环境。

第三，处罚违法主体是监管机构职责的重要组成部分。一旦确定某个市场主体存在违法行为，监管机构需要根据法规和实际情况，运用适当的法律手段对其进行处罚。这些处罚手段旨在起到震慑作用，促使市场主体守法合规经营，确保市场秩序的稳定和公平。

3.协调与合作

监管机构在履行职责的过程中，和其他相关机构的协调与合作至关重要。这种协调与合作不仅能确保信息的畅通和资源的共享，提高监管效能，而且有助于加强对跨行业、跨领域违规行为的打击。此外，监管机构还应积极参与国际合作，以借鉴先进的监管理念和手段，推动国际监管水平的提升。

第一，监管机构需要与其他相关机构建立紧密的协调机制。这包括但不限于与法律执法机关、行业协会、市场监测机构等各类机构之间的协调与合作。通过建立信息共享平台、定期召开联席会议等方式，确保各方对市场状况、违规行为等信息的了解和交流，提高监管的全面性和准确性。

第二，监管机构需要在跨行业、跨领域违规行为打击方面加强与其他机构的协调。面对复杂的市场环境，涉及多个行业和领域的违规行为常常需要跨机构协调才能有效打击。通过建立协调工作机制、共同开展联合执法行动，监管机构可以更有力地应对跨界违规问题，保护市场的公平竞争环境。

第三，监管机构还应积极参与国际合作。随着经济的全球化，国际市场之间相互关联紧密。监管机构通过参与国际组织、签署双边或多边合作协议，能借鉴其他国家先进的监管理念和监管手段，提高自身监管水平；同时，积极参与国际事务也有助于建立良好的国际形象，吸引外资，促进本国经济的可持续发展。

（二）法规的制定与修订

1. 法规制定的原则

法规的制定是监管机构履行职责的重要手段，其过程应当遵循一系列基本原则，以确保法规的科学性、合理性、公正性和透明性。监管机构在制定法规时，需要深入研究市场的特点，全面了解相关领域的现状和问题，以便科学合理地制定相应的规范。

第一，法规制定应遵循科学性原则。这意味着监管机构在制定法规前需要进行充分的市场研究和数据分析，深入了解相关行业的运作机制、市场主体的行为规律以及市场的发展趋势。只有基于科学的数据和分析，法规才能更好地适应市场的实际需求，具有可操作性和指导性。

第二，法规制定应遵循合理性原则。合理性要求法规的制定不能偏离经济法学原理和市场规律，需要根据实际情况权衡各方利益，确保法规既能保障市场的正常运行，又不对市场主体造成不必要的负担。在制定法规的过程中，监管机构需要慎重考虑各方的权益，确保法规的合理性和平衡性。

第三，法规制定应遵循公正性原则。公正性是法规制定的根本要求，要求监管机构在制定法规时不偏袒任何一方，保障各市场主体的公平权利。法规的公正性体现了监管机构的中立性和公正裁判的原则，保护市场的公平竞争环境。

第四，法规制定应遵循透明性原则。透明性要求监管机构在法规制定的过程中应当公开透明，及时向社会披露相关信息，接受社会的监督和建议。透明的法规制定过程有助于提高法规的合法性和公信力，使市场主体更好地理解法规的目的和内容。

2. 法规的修订与时俱进

法规的修订是监管机构适应经济发展和市场变化的一项重要工作。随着市场的快速变化和经济环境的不断演变，监管机构需要主动关注市场的新动向，及时获取并分析市场数据和信息。这有助于监管机构更好地了解市场的实际运行状况，发现新的问题和挑战，从而及时调整和修订法规，以确保法规在不断变化的经济环境中保持有效性。

一方面，法规修订应具有及时性。监管机构需要定期评估和审查现有法规的实施效果，及时发现和解决出现的问题。随着市场环境的变化，监管机构应当敏锐地捕捉新的经济、科技和社会发展趋势，以及市场主体的新行为模式。及时修订法规有助于确保法规与市场的实际状况保持一致，以更好地适应和引导市场的发展。

另一方面，法规修订应具有前瞻性。监管机构需要在法规制定和修订的过程中充分考虑市场未来可能出现的新情况和新问题。这需要通过深入研究行业趋势、技术创新、国际发展等方面的信息，预判可能对市场产生影响的因素。通过具有前瞻性的法规修订，监管机构可以更好地引导市场向着可持续和健康的方向发展，以应对可能出现的风险和挑战。

3.监管机构与立法机构的协调

监管机构与立法机构之间的协调是确保法规制定和修订科学合理的关键环节。这种协调关系有助于将市场实际情况和专业建议有效地纳入法规修订的过程中，以更好地服务于市场的合法需求。监管机构作为负责监测市场行为和维护市场秩序的机构，需要与立法机构紧密协作，确保法规的科学性和合理性。

第一，监管机构需向立法机构提供翔实的市场运行情况。通过向立法机构汇报市场主体的行为、市场结构的演变、新兴产业的发展趋势等信息，监管机构能为立法机构提供全面的市场现状，有助于立法机构更好地理解市场的需求和问题。

第二，监管机构应提供专业的法律和经济建议。监管机构具有专业的法律和经济知识，能够深入分析市场运行中的法律问题和经济状况。监管机构向立法机构提供专业的建议，有助于确保法规的科学性、合理性和可操作性，提高法规的质量。

第三，立法机构应积极倾听监管机构的声音。监管机构对市场的监测和调查使其能更敏锐地捕捉市场变化，提出反映市场实际需求的建议。立法机构在法规制定和修订过程中应充分借鉴监管机构的专业意见，确保法规不仅具备科学性，还能切实解决市场面临的问题。

（三）监管手段与技术手段的融合

1.监管手段的灵活运用

监管手段的灵活运用对于确保监管有效性至关重要。在制定监管策略时，监管机构应当充分考虑市场的具体情况以及不同行业的特点，以便能灵活选择并运用合适的监管手段。这种个性化的监管方法可以更好地适应不同行业的发展和变化，提高监管的精准性和针对性。

对于监管中发现的违规行为，监管机构可以采取多种手段进行应对，以达到有效监管的目的。其中之一是行政处罚手段，通过对违规市场主体进行行政处罚，可以迅速制止违法行为，起到震慑作用。这种手段一般包括罚款、责令整改、吊销许可证等，能够维护市场秩序，保护投资者权益。

另外，监管机构还可以通过司法手段进行追责。司法手段的使用更加注重法律程序和司法审判，通过法院的判决来追究违法市场主体的责任。这不仅能为被侵权的投资者提供法律援助，而且能加强法治建设，提高整个市场的法治水平。通过司法手段进行追责还可以形成更为深刻和持久的震慑效果，对于那些心存侥幸心理的违法行为市场主体起到强有力的威慑作用。

在实际操作中，监管机构需要综合考虑行政处罚和司法手段的使用，根据违规行为的性质、情节，以及社会影响等因素进行权衡和选择。通过灵活运用监管手段，监管机构可以更好地适应市场的变化，保持监管的高效性和灵活性。

2.监管技术的不断创新

随着科技的不断演进，监管技术的创新变得至关重要。监管机构在履行职责时，必须积极关注并采纳新兴技术的应用，以确保监管手段始终保持先进、前瞻，以适应快速变化的市场环境。监管技术的创新不仅是对科技进步的积极回应，更是为了提高监管的效能和适应性。

新兴技术的应用对监管的前瞻性起着关键作用。监管机构需要紧密关注区块链技术、人工智能、大数据分析等领域的发展，将其有机融入监管体系。区块链技术的去中心化特点能提高数据安全性，提高监管的可信度；人工智能技术则可以加强监管的预测性和自动化程度，使监管更具智能化。同时，大数据分析技术的运用可以帮助监管机构更好地理解市场趋势，提前发现潜在风险，实现更精准的监管。

监管技术的不断创新还能提高监管的适应性。随着金融业务和市场结构的不断演变，监管机构需要具备对新型业务模式和金融工具的敏感性。通过引入先进技术手段，监管机构能更快速、灵活地适应不同行业的监管需求。例如，采用监管科技可以实现对金融交易的实时监控，识别异常交易模式，及时防范潜在风险，从而提高监管的精准性和时效性。

在不断创新监管技术的过程中，监管机构需要注重平衡技术的利弊，确保技术的应用既能提升监管效能，又能保障金融市场的稳健运行。此外，监管技术的创新也需要与法规框架相配套，以确保科技的应用在合规的基础上发挥最大效益。

二、法规执行与市场效益

（一）法规执行的有效性

1.监管机构的监察力度

法规的制定只有在有效执行的基础上才能真正发挥其约束和规范作用。为确保法规有效性，监管机构需加大监察力度，以便及时发现和纠正市场行为中的违规情况。监管机构在履行监察职责时，面临对执法团队实力和监察技能的高要求，以确保其具备专业的监察技能，能全面监测市场主体的行为。

第一，监管机构的监察力度应体现在执法团队的实力上。执法团队作为监管机构的执行力量，其人员数量和素质直接关系到监管效能。监管机构应确保执法团队的规模足够，并通过专业培训、学术研究等手段提升其业务水平。强大的执法团队能更好地应对市场变化，提高监察效果，确保法规的全面执行。

第二，监管机构需具备专业化的监察技能。随着金融市场的复杂化和创新性增加，监管机构的监察技能需要不断跟进和升级。监管机构应当注重引入先进的监察技术，如数据分析、人工智能等，以提高监察的精准度和时效性。专业化的监察技能还能帮助监管机构更好地理解市场行为，识别潜在风险，为监管决策提供更为科学的依据。

第三，全面监测市场主体是确保监察力度的关键。监管机构需要建立完善的监察体系，包括监察网络、监察手段等，以确保监测覆盖所有市场主体。通过全面监测，监管机构能及时发现市场中的违规行为,并采取相应的监管措施,降低市场风险。这需要监管机构与相关机构建立有效的信息共享机制,充分利用科技手段提高监察效率。

2.法规的及时调整

随着市场的不断演变和金融环境的动态变化,法规的及时调整成为维护金融市场秩序和促进经济健康发展的必然要求。监管机构在履行职责时,应紧密关注市场的变化,不断审时度势,及时修订法规,以确保法规能够有效引导和规范市场行为,适应新的挑战。

第一,监管机构应当建立敏锐的市场观察机制,通过监测市场主体的行为、识别新兴业务模式以及评估市场风险,及时了解市场的变化趋势。这种市场观察机制需要跨部门合作,整合多方信息,以获取全面、准确的市场数据。监管机构通过对市场变化的敏感感知,能够及时发现潜在问题和挑战,为法规的有效调整提供有力支持。

第二,监管机构应当建立灵活的法规修订机制,确保法规能够及时、科学地应对市场的变化。这包括建立快速反应的决策机制,能在市场出现新情况时,及时召开专题研讨会或专家论证,快速制定相应的法规修订方案。监管机构还应当积极借鉴国际先进监管实践,吸纳外部专业意见,以提高法规修订的科学性和专业性。

第三,法规的及时调整也需要通过公开透明的程序,广泛征求市场主体和公众的意见。监管机构应当建立有效的法规征求意见机制,充分听取各方意见,确保修订后的法规更具广泛的共识性和可行性。透明的征求意见过程能增强法规的合理性,减少不确定性,提高市场主体的遵从度。

第四,监管机构应当注重法规的协调性和一致性,避免出现法规之间的矛盾和冲突。及时调整法规需要在整体的法律框架下进行,确保各项法规相互配套,形成系统完备的监管制度。监管机构应当在修订法规时,充分考虑不同法规之间的关联性,以构建一个有机统一的法规体系。

(二)法规执行与市场主体权益

1.执行方案的差异化考虑

在执行法规时,监管机构应当差异化地考虑不同市场主体的特点和需求,以确保执法的精准性和公正性。一刀切的执法方式可能对市场产生不良影响,因此有针对性地制定执行方案成为维护金融市场秩序的必要手段。

第一,监管机构在考虑执行方案时应认识到市场主体的多样性。不同的金融机构、投资者和行业具有各自独特的运营模式、风险特征和经营环境。因此,在制定执法措施时,监管机构应当充分了解各类市场参与者的实际情况,采用差异化的监管措施,以更好地适应不同群体的需求。

第二,监管机构需要考虑市场的创新和发展。随着金融市场的不断变化,涌现出新的业务模式和金融工具。差异化的执行方案应当能灵活适应市场的创新,鼓励创新又不失监管的严谨性。这可能涉及对新兴业务的特殊监管规定,以及对新型金融产品的风险评估和监测机制的建立。

第三，执行方案的差异化考虑也需要基于风险评估的结果。监管机构应当利用先进的风险评估工具，对市场主体的经营活动和风险水平进行全面、科学的评估。基于这样的风险评估，监管机构可以有针对性地确定执行方案，对高风险行为采取更为严格的监管措施，而对低风险行为则采取相对宽松的监管手段。

第四，监管机构在执行方案时还应当充分考虑社会责任和可持续发展的因素。差异化的执行方案应当能促进金融机构更好地履行社会责任，鼓励绿色金融和可持续投资。这需要监管机构在执行方案中融入环保、社会和治理（ESG）标准，引导市场朝着可持续发展的方向发展。

2.权益平衡的目标

法规执行的一个关键目标是在市场主体之间实现权益平衡。监管机构在履行职责时，不仅需要保护市场的公平竞争环境，而且需要着重考虑各方的利益，确保法规的执行不对特定市场主体造成不必要的损害，促进整个市场的健康发展。

第一，监管机构应当注重维护市场的公平竞争。在法规执行的过程中，应当防范和打击各种不正当手段，确保市场主体在公平的环境中进行竞争。这需要监管机构对市场行为进行全面监测，及时发现并处罚违规行为，维护市场秩序。通过维护公平竞争环境，有助于确保市场主体在合规的基础上争取其正当权益。

第二，权益平衡的目标还需要监管机构在法规制定和执行过程中充分考虑不同市场主体的特点和需求。不同行业、不同规模的企业、不同投资者等，在市场中扮演着不同的角色，其面临的风险和机遇各异。因此，监管机构需要制定灵活差异的监管政策，以满足不同市场主体的需求，避免过度规范或一刀切的执法方式可能对某些市场主体造成不利影响。

第三，权益平衡也要求监管机构在法规执行中充分考虑市场的整体利益。即便某些法规可能对特定市场主体产生了一些限制，但从整体市场健康发展的角度来看，这些限制可能是为了防范系统性风险、保护广大投资者利益而采取的必要措施。监管机构需要在权衡各方利益时，注重整体效益，确保法规的执行符合市场的长期稳定和可持续发展。

第四，监管机构在追求权益平衡的目标时，需要与市场主体建立有效的沟通机制，充分听取各方意见，提高监管决策的科学性和合法性。通过广泛开展意见征求、与产业协会和企业建立有效对话，监管机构可以更好地了解市场的实际情况，及时调整和优化法规，以更好地满足市场主体的合理需求。

（三）市场效益的监测与评估

1.科学的监测与评估机制

法规执行的最终目标是提升市场效益。为此，监管机构需要建立科学的市场效益监测与评估机制，通过数据分析、定期绩效评估等手段全面了解市场的运行情况，以更好地指导法规的制定和修订。

第一，建立科学的监测机制是实现市场效益提升的基础。监管机构应当借助先进的科技手段，包括大数据分析、人工智能等技术，对市场主体的行为、市场结构、交易模式等进行实时监测。通过全面的市场监测，监管机构能更快速、精准地捕捉市场的动态变化，识别潜在风险和问题。

第二，定期的市场绩效评估是确保市场效益提升的有效手段。监管机构应当建立定期的评估机制，通过对市场运行情况、市场主体行为和市场指标等进行综合评估，全面了解市场效益的状况。这包括对市场的稳定性、流动性、透明度等方面的评估，以及对市场主体的合规性和市场竞争的健康性等多维度的分析。通过定期评估，监管机构能更全面地了解市场效益的现状，及时发现并解决潜在问题。

第三，科学的监测与评估机制需要充分考虑市场的复杂性和多样性。不同行业、不同市场主体的特点各异，因此，监管机构在制定监测与评估指标时应当因地制宜，采用差异化的标准。这需要建立多层次、多维度的评估指标体系，以更准确地反映不同领域的市场效益。

第四，监管机构在制定科学的监测与评估机制时，应当强调信息的透明度和公开性。监管机构及时向市场主体和公众披露监测与评估结果，接受各方的监督和意见，有助于形成共识，提高法规执行的合法性和可信度。这种公开透明的机制有助于建立监管机构与市场主体之间的信任，促进共同推动市场效益的提升。

2.融入市场实际运作

为了更好地履行监管职责，监管机构需要积极融入市场实际运作，深入研究市场效益，以提高监管的实操性和适应性。这一过程包括与行业协会、企业进行深入沟通，倾听市场主体的反馈和建议，从而更好地服务于市场的合法需求。

第一，监管机构应当与行业协会保持紧密的合作关系。通过与行业协会的深入沟通，监管机构能更全面地了解特定行业的运行规律、发展趋势以及市场主体的关切点。这种合作不仅可以促进监管机构更深入地洞察市场的内在机制，还能更好地理解行业内的创新和挑战，为监管政策的制定提供更为科学的依据。

第二，监管机构需要与企业建立有效的沟通渠道。通过与企业的对话，监管机构能获取市场主体的实际经营状况、市场需求，以及面临的问题。这种深入了解有助于监管机构更具针对性地制定监管政策，更好地协助企业解决实际运营中的困难，提高监管的务实性。

第三，监管机构应当注重市场主体的反馈和建议。通过开展听证会、征求意见等形式，监管机构主动向市场主体征询意见，了解他们对监管政策的看法和期望。这种主动性的沟通机制能增强监管机构与市场主体之间的互信，使监管政策更具针对性和可操作性，从而更好地适应市场的快速变化。

第四，监管机构应当利用先进的科技手段，如大数据分析、人工智能等，更精准地获取市场信息。通过运用这些技术工具，监管机构能更快速、全面地了解市场运作的实际情况，及时发现潜在风险和问题。科技手段的运用有助于监管机构更高效地履行监管职责，提高监管的准确性和时效性。

第四章

经济法与企业经营管理

第一节 公司法与企业法律责任

一、公司法制度

公司法制度架构如图 4-1 所示。

```
                    公司法制度组织架构图
        ┌──────────────────┼──────────────────┐
   公司设立及组织结构    股东权益与治理体系    决策程序与合规运营规范
   ─公司设定程序的法律规范  ─股东权益的法定保护   ─公司内部决策程序的合法性
   ─不同公司类型的组织结构规范 ─公司治理的基本原则  ─合规运营的法律规范
                        ─治理结构的设立和职责规范
```

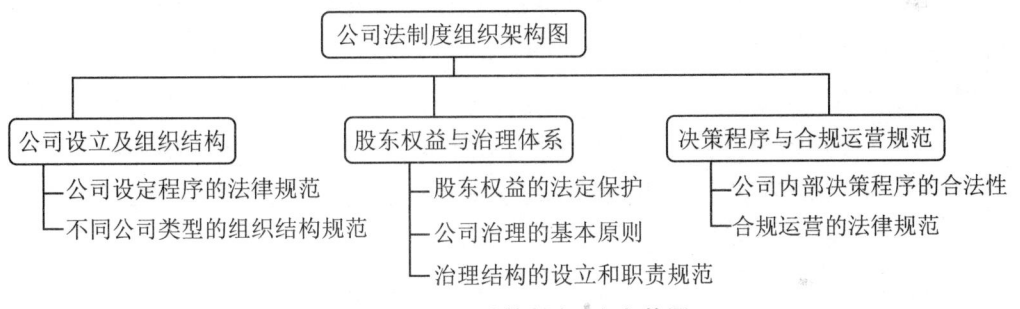

图 4-1 公司法律制度组织架构图

(一) 公司设立及组织结构

1. 公司设立程序的法律规范

公司法制度的核心在于对企业设立程序的法律规范。在公司法的指导下,企业在进行注册时必须遵循一系列明确定义的法定程序,以确保公司在设立阶段的合法性和透明度,从而为企业的合法运营奠定坚实的法律基础。

第一,公司在设立过程中需要提交一系列必要文件,这些文件包括但不限于公司章程、股东名册、法定代表人身份证明等。这一步骤的法律规范旨在确保公司的相关信息充分透明,以供监管机构和社会公众了解公司的基本情况。

第二,进行资本验证是公司设立程序中的重要一环。法律规定了企业需要明确其注册资本,同时规定了合法的资本注入途径。这有助于防止虚假注册、非法融资等行为,确保公司的实际资本与注册资本相符,提高了市场的透明度和信任度。

第三,明确法定代表人是公司设立过程中的另一法律规范。公司法规定了法定代表人的资格条件、任免程序等内容,以确保公司法定代表人的身份合法合规。这一规范有助于防范不法分子冒用他人身份进行公司注册等违法行为，维护了公司及法定代表人的权益。

2. 不同公司类型的组织结构规范

公司法通过规范不同类型公司的组织结构，为公司提供了明确的法律框架，其中主要包括有限责任公司和股份有限公司。这些法律规范明确了各种类型公司的法律要求和管理机构，以适应不同企业的需求和性质。在制定自身组织结构时，公司必须严格遵循公司法的相关规定，以确保公司内部的有序运作，保障公司的合法性和规范性。

一方面，有限责任公司是一种常见的公司类型，其组织结构在公司法中得到详细规范。有限责任公司的主要特点是股东对公司的债务负有限责任。公司法规定了有限责任公司应当由股东或出资人组成，每个股东的责任限于其出资额。此外，公司法还规定了有限责任公司的经营机构，包括董事会、经理层等。这些规范确保了有限责任公司内部的法律透明度和责任分工。

另一方面，股份有限公司作为另一种常见的公司类型，其组织结构同样受到公司法的严格规范。股份有限公司以股份为单位，股东的责任限于其持有的股份。公司法规定了股份有限公司的法定组成，包括董事会、监事会、经理层等。此外，公司法对股份有限公司的治理结构、公司章程的起草等方面也有详细规定，以确保公司内部组织结构的合法性和规范性。

在制定自身组织结构时，公司需要仔细研究公司法的规范，根据公司的性质、规模和经营需求选择适当的公司类型，并合理构建公司内部的管理机构。这样的规范有助于提高公司内部的运营效率，明确各级管理层的职责和权限，从而保障公司的长期稳健经营。

（二）股东权益与治理体系

1. 股东权益的法定保护

公司法对股东权益的法定保护体现了法律在维护公司内部权力平衡和股东合法权益方面的重要作用。公司法强调了股东在公司中的特殊地位，通过明确规定股东的权利和义务，旨在确保其在公司治理中拥有合法、平等的地位。

在这一法定保护中，公司法规定了股东的知情权，即股东有权获知公司的经营状况、财务状况和重要决策信息。这种知情权的设定有助于提高公司内部信息的透明度，确保股东能了解公司的运营状况，做出明智的决策。

此外，公司法还规定了股东参与公司重大决策的权利。在公司的战略决策、重大投资和合并等方面，公司法确保股东有权参与决策的程序，通过投票、提出建议等方式参与公司治理。这种参与权的规定有助于平衡公司内部各方利益，避免公司治理中的权力过于集中。

公司法对股东权益的法定保护还包括了对股东的利润分配权和优先购买权的规定。股东有权分享公司的盈利。同时，公司法规定了在公司股权转让时，给予股东优先购买的权利。这有助于保障股东的经济利益，使其在公司经济活动中获得公正的分配。

这些法定保护不仅在法律层面上确保了股东的合法权益，也有助于提高公司的治理效能和社会信任度。股东权益的法定保护机制使公司能在合法合规的基础上稳健经营,减少内部纷争,提高公司的长期竞争力。

2.公司治理的基本原则

在公司法的引导下,公司必须构建健全的治理体系,以确保公司决策的合法性和公正性。公司法规定了公司治理的基本原则,其中包括公司的独立性、公正性等关键要素。这些原则在建立透明、高效的治理机构方面发挥着重要作用,并保障股东在公司治理中的合法权益。

首要的基本原则是公司的独立性。公司法规定了独立董事的任命和角色,以确保公司治理中有独立的监督机构。独立董事在决策中发挥着中立的角色,有助于减少潜在的利益冲突,提高公司治理的透明度和公正性。此外,公司法还规定了公司董事会的独立性原则,以保障公司高层决策的独立性和公正性。

公正性是公司治理中的另一个重要原则。公司法规定了董事会成员的权利和责任,并强调了公司决策的公正性。在公司治理结构中,各层次管理人员和监督机构须履行职责,确保公司决策过程中的公平公正。这一原则的贯彻旨在防范权力滥用和公司内部腐败,为公司的健康发展提供保障。

透明度也是公司治理中的重要基本原则之一。公司法规定了公司信息披露的要求,包括财务状况、经营业绩等方面的信息。通过透明度的实现,股东和其他利益相关者能了解公司的真实状况,有助于形成正确的投资决策,同时也提高了公司的社会责任感。

在构建治理机构时,公司需要根据公司法的相关规定设立独立董事、建立董事会等机构,确保公司治理结构合理、透明、高效。这不仅有助于提高公司内部管理效率,也为公司在市场中赢得投资者信任、确保公司的长期健康发展打下坚实的基础。

3.治理机构的设立和职责规范

公司法明确规定了治理机构的设立和职责,其中包括股东会和董事会等重要组织。这些机构在公司治理结构中扮演着关键角色,通过公司法的规范,确保公司治理的稳定性、透明度和高效性。

第一,公司法规定了股东会的设立和权责。股东会作为公司治理的最高权力机构,拥有决策公司重大事务的职能。公司法对股东会的组成、召开程序、议事规则等方面进行详细规范,以保障股东会的合法性和公正性。股东大会通过选举董事、审议公司重大决策,体现了股东对公司经营的参与和监督。

第二,公司法规定了董事会的组建和职责。董事会是公司治理的执行机构,负责具体的经营管理工作。公司法对董事会的组成、任职条件、权利义务等方面作出了明确规定。董事会在执行公司经营决策、制定发展战略等方面发挥着关键作用。

第三,公司法规定了其他治理机构的设置。如监事会作为对董事会的监督机构,其设立和职责也在公司法中有详尽规定。监事会通过对公司经营状况的监督,保障了公司治理的公正性和透明度。

这些治理机构在公司法的指导下相互配合，形成了一套完整的公司治理结构。公司法的规范使治理机构在履行职责时更加合理高效，防范了权力过度集中和公司内部不当行为的发生。通过对治理机构设立和职责规范的深入研究，可以更好地理解公司治理结构的运作机制，为完善公司治理制度提供有益的经验借鉴。

（三）决策程序与合规运营规范

1.公司内部决策程序的合法性

公司法的规定对于公司内部决策程序的合法性起到了至关重要的作用。在公司法的指导下，公司在进行内部决策时必须切实遵循法定程序，以确保决策的合法性和规范性。这一法律框架包括了召开股东大会、董事会等机构的程序规定，以及各级决策机构的运作规范，为公司决策提供了明确的法律依据。

首先，公司法规定了召开股东会的程序和规范。股东会作为公司治理的最高权力机构，其决策过程的合法性对于公司的正常运营至关重要。公司法对召开股东会的通知、出席、表决等方面进行了详细规定，以确保股东会的决策是合法、公正、透明的。这种法定程序的规范有助于防范潜在的违法行为，确保公司治理的稳定性。

其次，公司法规定了董事会的组成和运作程序。董事会作为公司内部决策的执行机构，其合法性直接关系到公司的经营管理。公司法明确了董事的资格条件、任免程序，以及董事会的职责等方面，以保障董事会的合法权威和决策的合法性。通过这些规范，公司能够在董事会的组成和运作中避免权力滥用和不当行为，维护公司治理的规范性。

最后，公司法还规定了其他决策机构的合法性要求。例如，监事会在公司治理结构中负有监督责任，公司法对其组成和职责也进行了详细规定。这有助于形成多层次、多方位的监督机制，提高公司内部决策的透明度和合法性。

2.合规运营的法律规范

公司法对于公司在商业活动中的行为进行了详细规定，特别强调了合规运营的重要性。合规运营不仅是公司法律责任的一部分，更是维护市场秩序、保护公司声誉的关键要素。公司在运营过程中必须切实遵守这些法规，以确保公司在商业领域的行为合法、规范且符合社会伦理。

第一，公司法规定了防止不正当竞争的法律要求。不正当竞争可能包括虚假宣传、垄断、商业诋毁等不正当行为，这些行为会扭曲市场竞争，损害其他市场主体的利益。公司法通过规范公司在市场竞争中的行为，维护了市场公平竞争的原则。公司在运营中需要建立合规制度，防范不正当竞争行为的发生，保障公司在市场中的合法地位。

第二，公司法强调了对内幕交易的禁止。内幕交易是指在未公开信息的情况下，利用公司内部信息进行交易，这种行为不仅违法，还严重损害了市场的公正性和透明度。公司法规定了内幕信息的定义、内幕交易的法律责任等内容，要求公司在运营过程中加强内幕信息的管理，防止内幕交易的发生，确保市场的公平和透明。

第三，公司法还对其他可能影响市场秩序和公司声誉的行为进行了规范，如虚假陈述、违反合同诚实信用原则等。这些规定旨在确保公司在商业活动中遵守法律、诚实守信，不损害其他市场主体的正当权益。

二、企业法律责任规范

（一）税收义务

1.纳税义务的法律规定

在企业法律责任规范中，纳税义务作为其中不可或缺的一项法律责任，得到了明确的规定。根据法律规定，企业在法定期限内有着严格的纳税义务，这一规范的实施涵盖了多个层面，旨在确保企业在财务方面的合法合规运营，促进国家财政的稳健发展。

第一，根据法律规定，企业有责任及时提交准确的财务报表。这包括了全面、真实地反映企业经济状况和财务状况的财务报告，其中涉及企业的收入、支出、资产负债状况等多个方面。通过准确的财务报表，国家能够全面了解企业的经营状况，为税收管理提供重要的信息基础。

第二，企业在纳税义务中需要按照税法规定进行申报。这要求企业在税收政策的指导下，进行全面而规范的申报程序，如所得税、增值税等各项税款。这种规范性的申报流程不仅有助于企业明确纳税责任，也为税收管理提供了可操作性和监督性。

第三，企业有义务按时足额地缴纳各项税款。法律规定了明确的缴税期限和缴税金额，企业必须在规定的时间内足额地支付各项税费。这一法律规定不仅确保了国家财政收入的及时性和稳定性，也为企业在税收方面提供了明确的法律要求，保障了税收制度的正常运行。

纳税义务的法律规定不仅是企业法律责任规范的一部分，更是国家财政稳健发展的关键保障。通过企业按照法律规定履行纳税义务，国家能够获得及时、准确的税收信息，有助于优化税收管理，确保税收的公平、公正，推动国家财政体系的健康发展。

2.税收合规的内部管理机制

为履行税收义务，企业必须建立完善的内部管理机制，这一机制涉及对企业财务的规范管理、对财务人员的培训与监督等多方面。通过建立税收合规的内部管理机制，企业能更好地理解和遵循税收法规，减少因税收问题而引发的法律风险。

第一，企业需要在内部建立健全的财务管理体系。这包括确保财务记录的准确性、完整性和时效性，以及规范企业的财务报表编制流程。通过建立完善的财务管理体系，企业能更加清晰地了解自身财务状况，确保税收申报的准确性和合规性。

第二，对财务人员进行专业培训是企业建立税收合规内部管理机制的重要环节。培训内容应该包括最新的税收法规、申报程序、税务审计等方面的知识，使财务人员具备正确的纳税收意识和应对税收变化的能力。同时，培训还能提高财务人员对于税收合规的责任感和敬业精神，降低企业因人为疏漏而导致的税收风险。

第三，建立有效的内部监督机制也是确保税收合规的重要手段。企业可以通过内部审计、财务复核等方式监督财务人员的操作，及时发现并纠正潜在的税收风险。此外，企业制定合理的激励和惩戒机制，可以激发员工对税收合规的重视，增强整体合规意识。

3.法律对不正当避税行为的规范

企业法律责任规范中明确了对不正当避税行为的法律约束，通过规定不正当避税行为的种类和相应的处罚措施，旨在防止企业通过非法手段逃避纳税义务。这一法律规范的实施不仅有助于保障国家税收收入，还促使企业在经营中遵循合法合规的原则，确保税收制度的公平和透明。

第一，法律对不正当避税行为进行了具体的分类。这包括但不限于虚假报税、偷逃税款、采用不正当手段避税等情形。通过对这些行为的明确定义，法律明确了不正当避税的范围，降低了企业通过各种方式规避纳税责任的可能性。

第二，法律规定了对不正当避税行为相应的处罚措施。对于不正当避税行为，法律明确了一系列的处罚，包括但不限于罚款、责令纳税、追缴欠税等。这些处罚不仅对企业提出了经济上的制裁，更对相关责任人员进行了法律追责，从而提高了企业和个人对法律规定的敬畏和遵守意识。

值得注意的是，法律对不正当避税行为的规范并非简单地依赖于处罚手段，更注重从源头上防范不当行为。法律规定了税务机关的监督和稽查权限，可以对企业进行税务审核，及时发现和纠正潜在的不正当避税行为。这一监管措施有效地提高了税收制度的监管水平，防止了不正当避税行为的滋生。

（二）环保责任

1.环保法规对企业的约束

企业法律责任完善对企业的环保责任提出了明确要求，要求企业遵循相关环保法规，减少环境污染，采取一系列措施保护环境。这一规范的实施涉及排放标准、废物处理等方面，企业应通过技术升级、清洁生产等手段，确保其生产经营活动对环境的影响处于可控的范围内。

第一，企业需要遵循相关的环保法规和标准。这包括国家和地方颁布的有关环境保护的法规、法令以及标准规范等。企业在生产经营活动中必须了解并遵守这些法规，确保其行为符合国家和地方的环保规定。这为企业提供了在法律框架内合法经营的基础。

第二，环保法规要求企业在生产过程中控制和减少环境污染。这包括对工业废气、废水的排放进行限制，确保企业的排放符合法定的环境标准。企业应当采取科学有效的技术手段，进行净化处理，以达到环保标准，减少对周边环境的不良影响。

第三，企业在环保法规的约束下，需要进行废物处理和资源回收。这涉及对生产废弃物的分类、处理和处置，避免对环境造成二次污染。同时，企业应当积极推动资源的有效利用，通过废物回收等方式降低对自然资源的过度开采。

2.内部环保管理与监督

为了确保环保责任的履行，企业需要在内部建立健全的环保管理体系，通过培训、监测设备的安装与维护、环境风险评估等手段进行内部环保管理与监督。这一系统性的管理体系有助于企业更好地履行环保法规要求，从而保护生态环境。

第一，企业应设立专门的环保管理部门或配备专业的环保人员。这些人员需要具备相关的环保知识和技能，以确保企业在环保方面有足够的专业能力。通过培训，使环保人员了解最新的环保法规、技术标准以及环境管理的最佳实践，提高其对环保责任的认识和履行能力。

第二，企业需要安装和维护环境监测设备。这些设备能够监测企业生产活动中的废气、废水、固体废物等排放物质，确保其符合环保法规的排放标准。通过实时监测，企业可以及时发现并纠正潜在的环境污染问题，降低环境风险。

第三，进行环境风险评估是企业内部环保管理的重要环节。企业应当对自身的生产活动及相关环境风险进行全面评估，了解潜在的环境影响，并采取预防措施。这有助于企业在日常经营中预见可能产生的环保问题，从而提前采取措施进行防范，减少对环境的负面影响。

3.环保违法行为的法律后果

企业法律责任规范中对环保违法行为有明确的法律后果规定，以通过法律手段约束企业、强化企业环保责任的履行，维护生态环境的可持续发展。环保违法行为一旦发生，将面临一系列法律后果，包括但不限于罚款、责令停产整顿等。

一方面，对环保违法行为，法律规定了罚款的处罚措施。当企业被查实存在环境违法问题时，主管部门有权对其处以罚款。罚款数额通常与违法行为的严重程度、持续时间等因素相关，旨在通过经济制裁迫使企业履行环保责任，避免环境污染的发生或持续。

另一方面，法律规定了责令停产整顿等强制性的处罚手段。当企业的环保违法行为严重影响生态环境、屡教不改时，主管部门有权责令企业停产整顿，暂时中止其生产经营活动，以迫使企业认真整改、改正环保违法问题。

除了罚款和责令停产整顿外，法律还可能规定其他相应的法律后果，如吊销环保许可证、对法定代表人或直接责任人员追究刑事责任等。这些措施都是通过强有力的法律手段迫使企业切实履行环保责任，保护生态环境。

（三）消费者权益保护

1.消费者权益的法定保护

企业法律责任规范明确了对消费者权益的法定保护责任。法律规定了消费者的基本权益，如知情权、选择权、安全权等，旨在保障消费者在商品或服务交易中的合法权益。企业在提供商品或服务的过程中，必须尊重并保障消费者的权益，确保其在安全、可靠的消费环境中享有相应权利。

第一，法律规定了消费者的知情权。企业在向消费者提供商品或服务前，应当提供充分的信息，包括商品或服务的质量、价格、使用方法等。企业有责任确保消费者能获得真实、准确的信息，使其能做出明智的消费决策。

第二，法律规定了消费者的选择权。企业在销售商品或提供服务时，不能通过不正当手段限制消费者的选择范围。消费者有权在合法的范围内进行自由选择，企业不得强制捆绑销售、垄断市场，以保障消费者的选择自由。

第三，法律还强调了消费者的安全权。企业在设计、制造、销售商品或提供服务时，必须确保产品和服务的安全性。一旦发现产品存在安全隐患，企业有责任及时采取措施进行召回或修复，以防止对消费者产生伤害。

这些法定保护消费者权益的规范，有助于建立公平、透明、有序的市场秩序，促进企业提高服务质量，加强对商品质量的监管。

2.提供真实有效信息的法定要求

为履行对消费者权益的保护责任，法律对企业提供真实有效的商品或服务信息提出了要求。这一法定要求主要体现在广告、宣传等方面，旨在防止误导和欺诈行为的发生，从而建立公平、透明的市场环境，促进合法交易的进行。

在广告方面，法律规定企业必须提供真实、准确的广告信息，不得故意夸大产品或服务的性能、功能等，也不得进行虚假宣传。广告内容应当与实际商品或服务相符，确保消费者能准确了解产品的真实情况，以便做出理性的购买决策。法律对虚假广告行为的处罚力度明确，旨在遏制虚假广告对市场秩序的破坏。

在宣传方面，法律同样规定了企业必须提供真实有效的信息。无论是线上还是线下的宣传渠道，企业在宣传中都不得夸大、虚构产品或服务的效果，不得提供与实际情况不符的信息。通过规范宣传行为，法律旨在确保企业宣传信息的真实性，保障消费者的知情权，防范虚假宣传对市场的扭曲影响。

3.质量保证与售后服务的法律规范

企业法律责任规范明确了对商品或服务的质量保证和售后服务的法定要求。法律规定了商品或服务的质量标准，并对产品质量问题的处理提出了详细的规范。企业在履行这一法定责任时，需要建立健全的质量管理体系，以确保产品或服务符合法定标准，并提供有效的售后服务，以维护消费者的合法权益。

第一，法律要求企业确保商品或服务的质量符合相关法规和标准。在生产、销售过程中，企业必须严格遵循国家和地区的质量标准，保障商品或服务的基本质量。这有助于消费者购买到合格、可靠的产品或服务，维护市场秩序。

第二，法律规定了对于产品质量问题的处理办法。一旦产品存在质量问题，企业有责任及时采取补救措施，包括但不限于产品的修理、更换、退货等。这为消费者提供了有效的法定保障，使其在面临质量问题时能够获得及时、合理的解决方案。

第三，法律还要求企业提供有效的售后服务。企业需要建立健全的售后服务体系，及时回应消费者的投诉和建议，为消费者解决问题，提高消费者的满意度。这有助于企业树立良好形象，增强市场竞争力。

这些法定要求的制定旨在通过规范企业的质量管理和售后服务行为，维护市场秩序，保障消费者的合法权益。在学术研究中，深入探讨法定要求对企业质量管理、售后服务和市场竞争的影响，有助于进一步完善相关法规，促进企业提升产品或服务质量，提高市场信誉度。

第二节 合同法与商业合作关系

一、合同法基本原则

（一）合同要件的明确定义

1. 合同主体的明确定义

在合同法基本原则中，合同主体的明确定义是确保商业合同目的清晰且具体的关键要素。合同主体即合同的标的物，其种类广泛，包括商品、服务、财产权利等。合同法通过明确规定合同主体的质量、数量、标的，以及对财产权利的明确定义，旨在防范因不明确客体而可能导致的合同纠纷，确保商业合同的有效履行。

一方面，对于商品和服务，合同法要求在合同中对其质量和数量进行清晰规定。这涵盖了商品的品质标准、技术规格、包装方式等方面，以及服务的具体内容、执行方式等要素。通过对这些细节的规定，合同当事人可以在合同履行过程中更容易确定彼此的权利和义务，减少因为对商品和服务的质量、数量等方面存在歧义而产生的纠纷。这有助于提高合同的可操作性和履行的可靠性。

另一方面，合同法对财产权利进行了明确定义。这包括对财产权利的具体描述、权利范围、转让条件等方面的规定。通过对财产权利的明确定义，合同当事人可以更清晰地了解彼此在合同中所享有的权益，从而降低合同解释的不确定性。这对于涉及财产权利的合同，如买卖合同、租赁合同等，尤为重要。

2. 合同目的的明确定义

合同法在其基本原则中对合同目的进行了明确定义，将其定义为合同当事人达成协议的目标或意图。合同目的的明确定义在合同法体系中具有重要作用，旨在确保商业合作中各方对于合同目的的期望保持一致，从而防范可能因合同目的不明确而引发的纠纷，进一步提高商业合同的稳定性和可靠性。

合同目的是合同当事人为了共同的经济或法律利益而达成一致的协议目标。合同法对合同目的的明确定义是为了防止双方在商业交易中对合同目的的理解存在歧义，从而造成潜在的争议。这一法律原则强调了合同目的在商业合作中的关键性，要求当事人在协商和起草合同时要充分明确合同目的，以避免后续的解释和执行问题。

在商业合同中，合同目的涵盖了各种不同的领域，包括商品交易、服务提供、合作协议等。对于每一种合同，明确定义合同目的对于确保合同的执行至关重要。通过清晰而具体的合同目的定义，合同当事人能够更好地理解彼此的意图和期望，减少双方对于合同目的的不确定性，从而降低合同纠纷的风险。

合同目的的明确定义有助于消除合同解释的歧义，增强了合同的约束力和可执行性。这一法律原则促使当事人在合同谈判和签订过程中更为慎重，强调了在商业交易中确保合同目的明确定义的重要性。通过深入理解和遵循合同目的的明确定义，商业合同的签订和履行将更为顺利，有助于建立公正、稳定、可持续的商业关系。

3. 其他合同要件的规范

合同法的基本原则不仅关注合同主体和目的的明确定义，同时对其他合同要件进行了规范，包括形式要件和合同成立要件等。这一系列规范旨在确保商业主体在合同订立过程中遵循法定程序，有效预防合同缺陷和纠纷的发生，从而维护商业交易和法治环境的稳定。

第一，合同法对形式要件进行了规范，要求合同的形式必须符合法定规定。形式要件主要包括书面形式、公证等。合同的书面形式规定强调了在一些特殊情形下，必须以书面形式表达协议，以确保协议的真实性和明确性。而公证则在一些法定领域内要求强制性的公证形式，以提高协议的法律效力。这种规范有助于降低因形式缺陷而导致的合同无效或可撤销的风险。

第二，合同法规定了合同成立的要件，确保合同在法律上的有效成立。合同成立要件涉及合同的邀约、要约、接受等环节，合同当事人必须遵循法定程序并表达清晰的意愿，以确保合同有效成立。这有助于防范合同成立过程中的误解和不当行为，保障合同的法律效力。

其他合同要件的规范进一步完善了商业合同的法律框架，确保了商业主体在合同交易中的权利和义务得到充分保障。通过这些规范，合同法为商业活动提供了可靠的法律基础，有助于防止合同纠纷的发生，提高商业合同的可靠性。

（二）合同订立的法律规范

1. 合同订立程序的法定规定

合同法基本原则对合同订立程序进行了明确规定，其中包括了要约、承诺和接受等法定步骤。这一法定程序的设立旨在帮助商业主体在合同订立过程中依法操作，确保合同的有效性和合法性。合同法规范的订立程序不仅为商业活动提供了法律指导，而且增加了商业交易的合法性，为商业主体的合法权益提供了强有力的保障。

第一，合同的订立过程始于要约。要约是合同的第一步，是一方对另一方提出的明确表示，表明愿意订立合同。合同法要求要约必须具有足够的明确性和确定性，使接收方能明确理解要约方的意愿。这有助于防范因要约表述不清或不明确而引发的合同纠纷，保障双方在合同订立过程中的权益平等。

第二，要约得到对方的承诺后，形成承诺阶段。在承诺中，当事人对要约作出明确回应，表示同意要约中的条款。这一步骤是合同形成过程中的重要环节，其明确性有助于消除双方对合同内容的理解歧义，减少因合同缺陷而产生的潜在纠纷。

第三，合同的最终形成需要接受阶段。接受是要约方对承诺方的回应，表明接受要约并同意合同的成立。合同法规定了接受的方式和时间，以确保合同的迅速成立，并明确了不同情况下的接受方式和时效性要求。

2.合同形式的法定规定

合同法在其基本原则中对合同形式进行了法定规定，明确了不同形式的合同，如书面合同、口头合同等。这一法定规定为商业主体提供了选择适合自身需求的合同形式的权利，并在法定的形式框架下进行合同的订立。合同形式的法定规定不仅有助于商业主体依法进行合同订立，还在一定程度上提高了商业合同的法律效力。

第一，合同法明确了书面合同的法定规定。书面合同是以书面形式表达的合同，通常通过书信、合同文本、电子文档等形式进行书面记录。合同法规定了在一些特定情形下，如不动产买卖、债权转让等，必须采用书面形式，以确保协议的真实性和法律效力。这种明确的法定规定有助于防范因书面形式不明确而引发的合同纠纷，同时提供了一种有力的证据形式，增加了合同的法律可执行性。

第二，合同法承认了口头合同的有效性。口头合同是指当事人通过口头表达形成的合同，这种形式的合同同样具有法律效力。然而，在一些特殊情形下，合同法规定必须采用书面形式，以确保特定事务的法律确权和证明。

第三，合同法还对电子合同进行了规定。电子合同是利用电子方式进行订立、修改和履行的合同，具有与传统书面合同相等的法律效力。这一规定有助于企业适应数字化时代商业交易的需要，促进电子商务的发展，同时确保了电子合同的法律可靠性。

3.合同内容的法定要求

合同法在基本原则中对合同内容进行了明确的法定要求，着重规定了合同条款的明确性和合同义务的清晰性。这一法定要求旨在确保商业主体在合同中能明确各方的权利和义务，从而防范合同纠纷的发生，提高商业合同的可靠性。

第一，合同法强调合同条款的明确规定。合同是双方自愿达成的协议，其中的条款应当具有足够的明确性和确定性，以防止合同当事人在合同履行过程中出现对合同内容的不同理解。合同条款的明确规定有助于消除潜在的合同解释争议，确保各方对于合同内容的共识一致，从而提高商业合同的可执行性。

第二，合同法规范了合同义务的清晰规定。在合同中，各方的权利和义务应当被明确、清晰地规定，以避免在合同执行过程中的歧义和争议。合同法的这一法定要求旨在确保合同当事人对于各自责任的理解一致，减少合同履行过程中的不确定性，维护商业合同的稳定性和可靠性。

第三，合同法对一些特定类型的合同内容也进行了详细规定，如买卖合同、租赁合同等。这些规定不仅进一步加强了合同内容的法定要求，也有助于根据不同类型的合同提供更具体的指导，为商业主体提供更为明确和全面的法律框架。

合同内容的法定要求在法律上确立了合同的规范性，为商业主体提供了清晰的法律指引，有助于规避合同纠纷和降低法律风险。商业主体在合同订立时应当深入理解和遵循合同法的相关规定，以保障自身权益，提高商业合同的法律效力。

4.其他合同要求的法定规范

合同法不仅明确了合同的主要要件，如主体、客体、目的等，还对其他合同要求进行了法定规范，包括成立要件和撤销要件等。这些法定规范旨在确保商业主体在合同订立过程中遵循法定程序，以保障合同的法律效力和合法性。

第一，合同法对合同的成立要件进行了规范。合同当事人必须遵循法定程序并表达清晰的意愿，以确保合同有效成立。合同法对成立要件的法定规范有助于防范合同订立过程中的误解和不当行为，从而保障合同的法律效力。

第二，合同法规定了撤销要件，即一些特殊情况下合同可以被撤销的条件和程序。撤销要件的法定规范充分考虑了合同订立后可能出现的一些特殊情况，如欺诈、威胁、重大错误等，合同当事人可以根据这些法定规范的要求提出合法的撤销请求，以保护其合法权益。

第三，合同法还规定了一些特殊类型的合同要素，如违约责任、不当得利等合同要素。这些法定规范不仅有助于明确各方在合同中的权利和义务，还提供了一套法律程序和标准，以应对合同履行过程中可能出现的争议和纠纷。

（三）合同履行和解除的法律规范

1.合同履行的法律规范

合同法对合同履行提供了明确的法律规范，其中包括对履行方式和履行期限等方面的规定。这一法律规范的制定旨在帮助商业主体在履行合同的过程中依法操作，以确保合同的有效履行。

第一，合同法规定了合同履行的方式。合同的履行方式包括货物交付、服务提供、款项支付等。法律对不同类型合同的履行方式进行了具体规定，以确保合同当事人能够根据合同的性质和约定履行其义务。这有助于消除合同履行过程中的不确定性，提高商业主体在履行合同时的操作规范性。

第二，合同法规范了合同履行的期限。履行期限是指合同当事人完成合同义务的期限。法律对履行期限进行了明确规定，以确保合同各方能按照合同的要求及时、有效地履行其责任。这一规范有助于防范因履行期限问题而可能引起的合同纠纷，提高商业合同的履行效率和可靠性。

第三，合同法还对违约责任、不当得利等与合同履行相关的法律问题进行了详细规定，为商业主体提供了在合同履行过程中应对可能发生的问题的法律依据。这些方面的制度性安排有助于确保商业合同的顺利履行，增加了商业合作的法律稳定性。

2.合同解除的法律规范

合同法对合同解除的法律规范进行了明确规定，其中包括解除的程序、条件等内容。

商业主体在解除合同时，必须遵循法律规定的程序和条件，以确保解除合同的合法性和有效性。这一法定的合同解除规范不仅有助于防范不当的解除行为，保护合同当事人的权益，同时也增强了商业主体之间的合同约束力。

第一，合同法规定了合同解除的程序。合同解除通常需要遵循一定的程序，包括书面通知、协商沟通等。法律对合同解除程序的明确规定有助于防范因解除程序不当而引发的争议，确保解除合同的过程公正、透明。商业主体在解除合同时，必须遵循法定的程序要求，以确保解除行为的法律效力。

第二，合同法规范了合同解除的条件。合同解除的条件可能涉及一系列法定情形，如违约、不可抗力等。合同法对这些解除条件进行了具体规定，以确保解除合同的合法性。商业主体在解除合同时，必须明确合同解除的法定条件，并确保其行为符合法律规范，以避免不当解除引发的法律责任和争议。

第三，合同法还规定了一些特殊情形下的解除规定，如合同一方违反了重要条款、合同无法履行等情况。这些特殊规定提供了商业主体在特定情境下解除合同的法律依据，有助于确保合同解除的公正性和合法性。

3. 合同的变更和补充规范

合同法对合同的变更和补充进行了明确规范，强调在商业合作中若对合同内容进行变更或补充，必须依法进行，并明确法定的变更和补充程序。这一法定规范旨在维护合同的稳定性和保护合同当事人的合法权益，为商业主体提供了明确的法律指引。

第一，合同法规定了合同变更的法定规范。合同的变更是指在合同履行过程中，合同双方因特定原因对合同内容进行修改。合同法规定了变更的程序和条件，通常要求变更协议是双方自愿达成的，并应当以书面形式进行。这有助于确保合同变更的合法性和明确性，防范因变更引发的潜在纠纷。

第二，合同法对合同的补充也进行了规范。合同的补充是指在合同履行中，由于某些原因需要对合同内容进行追加或修正。合同法规定了合同补充的条件和程序，强调补充协议应当是双方自愿达成的，并同样要求以书面形式进行。这一法定规范有助于确保合同补充的合法性和明确性，提高商业主体在合同履行过程中的法律透明度。

第三，合同法还对一些特殊情形下的合同变更和补充进行了规定，如出现不可抗力、协商一致等情况。这些规定旨在使合同双方在特定情境下能够依法进行变更和补充，同时保障合同变更和补充的合法性。

（四）自由原则和平等原则的强调

1. 合同的自由原则

合同法强调了合同的自由原则，将其视为合同制度的核心要素之一。这一自由原则意味着合同当事人在合同的订立和履行过程中应当保有自主的权利。在商业活动中，商业主体有权在合同中自由约定合同的内容、条款和条件，而无需受到强制性法律规定的过多限制。这一自由原则为商业交易提供了广泛的法律空间，有助于灵活应对各种商业需求，推动商业活动的自由发展。

首先,合同的自由原则体现在合同的订立阶段。在合同的订立过程中,合同当事人可以自主协商并达成协议,其权利不受过多的法律干预。商业主体有权依据双方的意愿,自由约定合同的价格、履行方式、履行期限等各项条款。这一自由原则为商业主体提供了灵活性,使其能更好地满足不同交易背景和需求,推动商业合同的多样化和创新。

其次,合同的自由原则还表现在合同的履行阶段。在合同履行过程中,合同当事人有权自主决定如何履行合同,只要不违反法律规定。合同的自由原则使商业主体能根据具体情况调整履行的方式、时间和方式,以更好地适应市场变化和商业环境的不断发展。

合同的自由原则的核心在于尊重当事人的意愿和自主权,为商业主体提供更大的自由度。然而,值得注意的是,自由原则并非绝对,其受到法律对公共利益和社会秩序的保护。在一些特定情况下,法律可能会对合同内容的自由约定进行一定的限制,以确保公共利益和社会正义的实现。

2.合同的平等原则

合同制度的另一个核心要素是合同的平等原则,旨在要求各方在商业合作中应当处于平等地位。这一原则确保商业主体在合同交易中的权利平衡,避免了一方对另一方进行不当的侵害,为构建公平、公正的商业环境提供了坚实的法律基础。平等原则的贯彻执行有助于增强商业主体之间的互信,促使商业交易更为合理、可靠,具有深远的学术和实践价值。

第一,合同的平等原则强调了合同当事人在商业交易中的平等地位。这意味着各方在合同的订立和履行过程中应当具有相对平等的议价能力和信息对等,不应受到不当的强迫、威胁或操纵。平等原则的核心在于确保各方在合同交易中能够自由协商,并在协商过程中享有平等的地位,使双方在同等条件下达成合同。

第二,平等原则要求合同的内容应当经过双方充分地协商和自愿达成。这意味着合同条款不应设置过于苛刻或倾斜于某一方的情形,而是要充分考虑到各方的权利和义务,使合同更具公正性。在平等原则的指导下,各方可以更加平等地参与合同的制定,确保合同的内容更符合双方的实际需求和公平的商业标准。

第三,平等原则还要求在合同履行过程中,各方应当以平等的身份对待彼此。这涉及在合同履行过程中的沟通、信息共享和权利保障等内容,确保各方在合同履行中享有平等的权利,避免一方对另一方进行不当的压制或剥夺。

二、商业合作法律问题解决

(一)合同违约的处理机制

在商业合作中,合同违约是一项常见而重要的法律问题。合同法明确规定了对于合同违约的处理机制,以确保合同的有效履行和维护当事人的权益。

1. 违约责任的承担

合同法规定了违约责任的种类和程度，明确了在合同履行过程中，违约方应当承担的法律责任。一般而言，合同违约可能需要违约方承担不同层次的法律责任，其中主要包括支付违约金、损害赔偿以及履行违约等不同的责任形式。这一法律规定为商业主体提供了明确的法律依据，使其在面临合同违约时能够依法追究违约方的责任，有效维护合同的权威性和执行力。

第一，合同违约的一种常见责任形式是支付违约金。合同一般都会规定在发生违约情况下，违约方需支付一定数额的违约金作为补偿。违约金的设定有助于约束合同当事人履行合同义务，对违约方具有一定的经济惩罚作用。合同法对违约金的设定提供了法定的范围和限制，以确保其合理性和合法性。

第二，合同法规定了损害赔偿责任。当一方的违约行为给另一方造成了实际损失时，受损害方有权要求违约方进行损害赔偿。损害赔偿的计算通常包括受损害方的实际损失以及合理的间接损失。这有助于使受损害方得到应有的补偿，确保合同的履行在法律框架内得以有效维护。

第三，合同法规定了履行违约责任。在某些情况下，法律允许或要求违约方履行其违约的合同义务。这意味着违约方需要在法定期限内完成其未履行的合同义务，以弥补合同履行的不足。这一规定有助于维护合同当事人之间的平等地位，促进合同的实际履行。

2. 被违约方的救济方式

合同法规定了被违约方在面临合同违约情况时可以采取的多种救济方式，旨在为其提供合法、有效的手段来维护其合法权益。这些救济方式包括请求违约方继续履行合同、请求违约方承担违约责任、请求损害赔偿等，为被违约方提供了灵活的法律手段，以便根据具体情况选择合适的救济路径。

第一，被违约方可选择请求违约方继续履行合同。这意味着被违约方有权要求违约方按照合同的约定继续履行其合同义务。通过这种方式，被违约方可以追求实际的合同履行，确保合同交易的正常进行，减少因违约而引发的不便和损失。

第二，被违约方可以选择请求违约方承担违约责任。在合同法的规定下，被违约方有权要求违约方对其违约行为承担相应的法律责任。这可能包括违约金的支付、履行合同的损失赔偿等。这种方式强调了违约方因其不履行合同义务而需要承担的法律责任，有助于维护合同的公正性和合法性。

第三，被违约方还可选择请求损害赔偿。当违约方的违约行为导致被违约方遭受实际经济损害时，被违约方有权要求违约方进行损害赔偿。这种方式注重的是对实际损失的补偿，以确保被违约方能够得到公正的赔偿，使其能够回到与合同履行前相当的经济状况。

3. 免责条款的约定

合同法允许合同当事人在合同中约定免责条款，即在一定条件下允许违约方免除或减轻责任。这一法定规定为商业主体提供了在合同中预先规定责任免除的可能性，为合同的制定和履行提供了更大的灵活性和可操作性。免责条款的有效约定在合同法体系中起到了平衡当事人权利与责任的作用。

首先，免责条款的约定必须合法、公平、合理。合法性要求免责条款不得违反法律法规，不得排除不可剥夺的法定权利。公平性要求免责条款在当事人之间保持相对平等的地位，避免将过度的权利倾斜于一方。合理性则要求免责条款的内容和范围符合商业交易的合理期望，不得违背公共利益和社会公序良俗。

其次，免责条款在合同中的明确表达是其有效性的关键。合同当事人需要明确而清晰地陈述免责条款的内容、条件和适用范围，避免模糊不清或引起争议。只有当事人在合同中以明确的措辞达成一致，免责条款才能在合同争议中起到预先规定责任的有效作用。

免责条款的约定为商业主体在合同交易中面对各种不确定因素时提供了一种灵活的法律手段。在某些情况下，商业主体可能面临无法控制的风险因素，如不可抗力、自然灾害等，通过免责条款的约定，可以在一定程度上规避或减轻由此产生的法律责任。这为商业合同的订立提供了更多的选择和保障，有助于提高商业主体对合同的信心，促进商业交易的顺利进行。

（二）争议解决机制的规定

商业合作中的争议解决机制是确保商业关系稳定性和可持续性的关键环节。合同法提供了明确的争议解决方式，使商业主体能在发生争端时有序解决纠纷。

1. 仲裁的规定

合同法鼓励商业主体通过仲裁解决合同争议，为此提供了仲裁条款的约定机制。仲裁作为一种高效、灵活、专业的争议解决方式，在商业合同中得到广泛应用。合同中的仲裁条款通常规定了争议应在特定的仲裁机构进行仲裁，为商业主体提供了在短时间内得到合理裁决的途径。

仲裁的推崇源于其多方面的优势。首先，仲裁具有高效的特点。相对于传统的诉讼程序，仲裁程序更加简捷迅速。仲裁庭的设立、仲裁程序的制定，以及裁决的产生都可以更加迅速地完成，有助于商业主体迅速解决合同纠纷，减少争议解决的时间成本。

其次，仲裁是一种相对灵活的解决方式。商业主体可以根据具体情况选择合适的仲裁规则和程序，灵活性较高。此外，仲裁的地点、语言等方面也可以根据商业主体的实际需要进行协商，使仲裁过程更符合商业主体的实际情况。

最后，仲裁通常由专业的仲裁机构或仲裁员主持，其具备相关领域的专业知识和经验，有助于确保裁决的专业性和合理性。商业合同中的争议通常涉及复杂的法律和商业事务，专业的仲裁机构和仲裁员能更好地理解和解决这些问题。

在合同中约定仲裁条款有助于商业主体预先明确争议解决的途径，提高了合同的可预测性和稳定性。商业主体选择仲裁作为争议解决方式，也体现了对仲裁制度的信任，相信仲裁能提供更为高效和专业的解决方案。

2. 诉讼的规定

若未在合同中约定仲裁条款，商业主体可以通过诉讼来解决争议。合同法为商业主体提供了在人民法院提起诉讼的详细规定，以确保在未能通过仲裁解决争议的情况下，商业主体仍能在法院得到公正、公平的法律救济。

诉讼是一种正式的法律程序，合同法规定了商业主体在人民法院提起诉讼的程序步骤。商业主体在提起诉讼时，需要向人民法院提交起诉状，明确陈述争议的事实、理由和请求。随后，法院将组织庭审，双方在庭审过程中可以进行辩论和陈述，同时提交证据。法院将在审理过程中综合考虑双方的陈述和提供的证据，以确保对争议问题有全面准确的认知。最终，法院将作出裁决，解决合同争议，明确双方的权利和责任。

在人民法院提起诉讼的条件也受到合同法的规定。商业主体在诉讼前需确保具备合法的诉讼资格。此外，商业主体在提起诉讼时需要确保已履行法定的预先争议解决程序，如事先履行调解和和解程序，以满足法律规定的法定条件。

合同法对诉讼的规定着重强调了在法院解决合同争议的公正性和公平性。人民法院作为独立的第三方机构，能客观、中立地审理争议，确保双方在法律框架内得到平等对待。合同法为商业主体提供了在未能通过仲裁解决争议的情况下，通过诉讼获得公正解决的法律途径。

3. 法律责任的救济

合同法规定了商业主体在争议解决中的法律责任，并为商业主体提供了在法律框架内维护其权益的手段。合同一旦涉及违约行为，违约方将需承担一系列法律责任，合同法对此进行了详细的规定，强调了维护合同合法性和可执行性的原则。

在合同争议中，商业主体可以依法请求违约方承担法律责任，包括但不限于支付违约金、赔偿损失等。首先，违约方需要支付合同中明确约定的违约金，以弥补合同履行中的损失。合同法对违约金的规定旨在约束合同当事人，激励其按照合同的约定履行义务，从而提高合同的履行效率。

其次，合同法明确了违约方在损害对方的情况下需要承担的赔偿责任。当合同违约导致对方遭受实际经济损失时，受损害方有权要求违约方进行相应的赔偿。这一规定旨在保护商业主体的合法权益，确保受损害方能得到公正的补偿。

最后，合同法还规定了其他可能的法律责任形式，如履行违约、停止违约行为等。合同法的这些规定有助于建立一个清晰的法律框架，使商业主体在面对合同违约时能依法追究违约方的责任，从而维护合同的权威性和执行力。

第三节 劳动法与雇佣关系

一、劳动法基本规定

(一) 平等自愿与公平协商原则

1. 平等自愿原则

劳动法坚持雇佣关系应基于平等自愿的原则。这一基本原则强调在雇主与雇员之间建立雇佣关系时应保持自愿性,排除任何形式的强制性质。平等自愿原则的核心在于确保雇员在雇佣过程中享有自主权利,不受到不正当的干预,从而保障其个人权利和自由选择职业的权利。

这一原则的重要性在于维护雇员的个人尊严和职业自由。在雇佣关系中,雇员应当能根据个人兴趣、技能和职业目标自主选择雇主,并在合法合规的框架内与雇主达成雇佣协议。平等自愿原则旨在防止雇主通过不正当手段强迫雇员接受不利条件的雇佣关系,确保雇员在雇佣决策中拥有足够的自主权。

此外,平等自愿原则有助于维护雇佣关系的合法性和稳定性。通过确保雇员在雇佣过程中的自主性,可以减少不公平的雇佣协议,从而降低劳动争议的发生率。雇员在获得更多自主权的同时,雇主也能更加稳妥地建立雇佣关系,减少潜在的法律风险。

2. 公平协商原则

公平协商原则在劳动法中被视为雇佣关系中至关重要的原则之一。这一原则要求雇主和雇员在雇佣关系中进行协商时,应当维持公正和平等的态度,确保在涉及雇佣条件、工作内容、薪酬待遇等方面达成平等的协议。公平协商原则的实施旨在保障雇员在雇佣关系中的权益,建立和谐的雇佣关系。

一方面,公平协商原则注重协商过程中的公正性。在雇佣关系中,雇主和雇员之间存在不对等的权利关系,因此,在协商过程中应当确保雇员能在平等的基础上表达自己的意愿,避免雇主通过不正当手段强加不利的雇佣条件。公平协商原则的强调有助于防范雇佣关系中的不平等现象,确保雇员在协商中获得应有的尊重和平等地参与决策。

另一方面,公平协商原则有助于建立和谐的雇佣关系。通过确保雇佣条件和相关事项的公平协商,雇主和雇员之间的关系能更加稳定和融洽。雇员在协商中得到公平对待,能更好地满足其职业需求,从而提高工作满意度和忠诚度。这对于雇主来说也是有益的,因为建立在公平协商基础上的雇佣关系更容易获得员工的支持和合作,推动组织的稳健发展。

（二）劳动合同法规

1.劳动合同的基本框架

劳动合同作为雇佣关系的基本框架在劳动法中有着详细而明确的规定，旨在确保雇佣关系的明确性、合法性和可操作性。合同中必须包括各项关键要素，如工作内容、工作地点、劳动报酬、工时安排、职务等，这些要素构成了劳动合同的基本框架。

第一，劳动合同要明确规定工作内容。合同应详细描述雇员的具体工作职责和任务，以确保雇员了解其在雇佣关系中的工作职责，并能履行合同中规定的劳动义务。明确的工作内容有助于避免引发争议和纠纷，提高雇佣关系的稳定性。

第二，合同须界定工作地点。劳动合同应明确规定雇员工作的具体地点，这有助于雇员了解其工作场所，雇主也能有效管理工作地。工作地点的明确定义有助于防范因工作场所不明确而导致的问题，维护雇佣关系的稳定性和法律效力。

第三，劳动报酬是合同中的另一个关键要素。合同必须清晰规定雇员的劳动报酬，包括工资标准、支付方式、结算周期等。这确保雇员能按照约定获得相应的报酬，防范因工资问题而引发的纠纷，保障雇佣关系的正常运作。

第四，劳动合同还需规定工时安排。合同中应当明确规定工作时间、加班安排、休息日和法定节假日等工时相关的要素，以确保雇员的合法权益受到保护，同时为雇主提供明确的法定框架，促进劳动关系的平衡和协调。

第五，劳动合同应界定雇员的职务。合同中需明确规定雇员的职务和岗位，以便雇员和雇主双方能清楚了解雇员在组织结构中的位置和职责。明确的职务定义有助于雇佣关系的顺畅运作，提升组织的效率和管理水平。

2.明确雇员基本权益和雇主义务

劳动法对雇员的基本权益和雇主的基本义务进行了详细规定，以确保雇佣关系中双方权利和义务的平衡，从而保障雇员的基本权益。这些规定涵盖了多个方面，包括工资、工时、社会保险等。

第一，劳动法规定了雇员的基本权益，其中最为关键的是工资权益。合同法规定，雇主应当按照合同约定及时支付雇员的工资，确保雇员能按时、足额地获得劳动报酬。这一规定旨在防范雇主违法拖欠工资的情况，维护雇员的合法权益。

第二，劳动法规范了雇员的工时权益。法律规定了正常工作时间、加班的安排、休息日和法定节假日等方面的规定，以保障雇员的劳动时间合理，防止过度劳动，维护雇员的身体健康和劳动权益。

第三，劳动法还关注雇员的社会保险权益。法律规定雇主应当为雇员提供社会保险，包括养老保险、医疗保险、工伤保险、失业保险和生育保险。这有助于保障雇员在不同生活阶段的社会保障权益，提高雇佣关系的可持续性。

第四，劳动法也规定了雇主的基本义务，以确保雇员在工作环境中能保证安全和获得公正的待遇。雇主有责任提供安全的工作环境，采取措施预防职业伤害，同时在雇佣过程

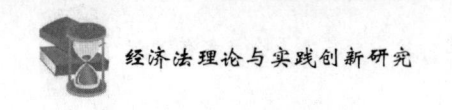

中不得进行性别歧视等不当行为。

（三）工资支付法定规定

1.法定规范工资支付

劳动法通过法定规范工资支付，对雇员的薪酬权益进行了详细规定，以确保雇佣关系中雇员按时、足额地收到其应得的工资报酬。这一法定规范涵盖了多个方面，包括支付方式、支付周期等，旨在防范雇主的违法行为，提升雇佣关系的法律效力。

第一，劳动法规定了支付方式。根据法定规范，雇主在支付工资时应当采取合法、安全的支付方式，确保雇员的薪酬得到妥善处理。这有助于避免雇主以不当方式支付工资，保障雇员的薪酬权益，维护雇佣关系的合法性。

第二，劳动法规定了支付周期。劳动法规定雇主应当按照合同约定的时间周期支付工资，确保雇员能按时获得劳动报酬。这一规定有助于避免雇主拖延支付工资的行为，维护雇员的合法权益，增强雇佣关系的稳定性。

第三，劳动法还规范了工资支付的其他方面，包括货币形式、支付地点等。这些规范有助于确保雇员能方便地获取其工资报酬，防范雇主违法支付的情况，提高雇佣关系的合法性和可靠性。

2.保障雇员合法权益

工资支付法定规定的主要目的在于充分保障雇员的合法权益，确保他们在雇佣关系中获得公正对待。法律规范的工资支付制度不仅是雇佣关系的重要组成部分，更是维护雇员合法权益的法律基石。这一制度的建立和执行有助于提高雇佣关系的稳定性，减少因工资问题引发的纠纷，从而促进劳动关系的和谐发展。

第一，法律规范工资支付可以确保雇员按时获得其应得的工资报酬。法律规定了雇主在支付工资时的具体要求，包括支付方式、支付周期等。通过这些明确的法律规定，保障了雇员在雇佣关系中的基本薪酬权益，防范了雇主的滞后支付或不当支付的情况，从而有效提高了雇佣关系的合法性。

第二，法律规范工资支付有助于防范雇主的违法行为。法律规定了雇主在支付工资时不得采取不正当手段，如克扣、拖欠或违法减薪等。这为雇员提供了法律保障，使其免受不公平待遇，确保其劳动成果得到合理的报酬。

第三，法律规范也涉及支付的货币形式、支付的地点等具体要素。这有助于确保雇员能方便地获取其工资报酬，降低了雇员因支付问题而面临的不便和困扰。

（四）工时安排法定规范

1.正常工作时间规定

劳动法规定了正常的工作时间标准，旨在确保雇员的劳动时间在合理的范围内，以维护雇员身体健康和保障工作与生活的平衡。这一法定规范涵盖了多个方面，旨在防范过度劳动，保护雇员的权益。

第一，劳动法对正常工作时间进行了明确规定。正常工作时间通常以每日工作时数和每周工作时数为基准。根据劳动法的规定，雇员的每日工作时间一般不得超过 8 小时，每周工作时间不得超过 40 小时。这一规范性的设定有助于防范雇员因过度长时间工作而导致的身体健康问题，确保雇员在工作中能够保持良好的工作状态。

第二，劳动法规定了加班工作的条件和报酬。当雇主需要雇员加班工作时，应当遵循法定的程序，并支付相应的加班费用。这一规定不仅保障了雇员的劳动权益，也鼓励雇主在可能的情况下采取措施，确保正常工作时间内完成工作任务，避免过度依赖加班。

第三，劳动法还规定了休息日和法定节假日的安排。雇员有权享受每周至少一天的休息日，以及法定的节假日。这样的规定不仅有助于雇员调整工作和生活的平衡，也提高了工作环境的舒适度，促进了劳动关系的和谐发展。

2. 加班安排、休息日和法定节假日规范

工时安排法定规范涵盖了加班、休息日和法定节假日的相关规定，以确保雇员能在工作中合理安排休息，防范由于过度工作引发的健康问题，并保障雇员在法定假期享有相应的权益。

一方面，加班的规范在劳动法中有详细规定。加班通常指超过正常工作时间的工作，对于雇主而言，需要在遵循法定程序的基础上，提前通知雇员，并支付相应的加班费用。这一规定不仅确保了雇员在加班时能得到合理的补偿，也对雇主进行了法定的管理，促使其在可能的情况下采取措施合理分配工作负担，避免滥用加班制度。

另一方面，休息日和法定节假日的规定也在劳动法中有详细安排。雇员有权每周至少享受一天的休息日，法定节假日期间应当安排休息，并按照法定规定享受带薪休假。这些规定旨在确保雇员能得到充分的休息，保障雇员身体健康和生活质量，同时也维护了雇员在法定节假日期间的合法权益。

工时安排法定规范的这些细节性规定有助于构建合理的劳动关系，平衡雇员的工作与休息，保障雇员合法权益。通过设定加班的明确规范、规范休息日和法定节假日的安排，劳动法为雇员提供了法律保障，促使雇主创造更加人性化的工作环境，有利于构建和谐、稳定的劳动关系。

二、劳动合同与劳动纠纷解决

（一）劳动合同的要素

1. 聘用期限与工作内容

劳动合同在规范雇佣关系中具有关键作用，必须明确规定聘用期限和详细描述雇员的工作内容。这样的规定有助于建立清晰的劳动关系框架，保障雇员和雇主的权益，促使雇佣关系更加稳定和可持续。

一方面，劳动合同要明确规定聘用期限。聘用期限可以是固定期限或无固定期限，这需要双方在劳动合同中明确约定。固定期限的合同明确了雇佣关系在一定时间内有效，而无固定期限的合同则表示雇佣关系没有时间上的限制。这样的规定有助于雇员了解自己的

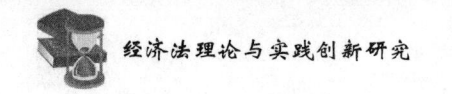

雇佣期限，同时也为雇主提供了更灵活的雇佣方式。

另一方面，劳动合同要详细描述雇员的工作内容。这包括具体的工作任务、职责范围、工作地点等方面的内容。通过明确描述工作内容，可以使雇员清楚了解自己在组织中的角色和职责，帮助雇主更好地管理和评估雇员的工作表现。这也有助于预防潜在的工作纠纷，提高雇佣关系的透明度和可操作性。

2. 工资水平与福利待遇

劳动合同中的工资水平和福利待遇是关乎雇员经济权益的核心内容，必须在合同中明确规定，包括基本工资、奖金、社会保险等方面。这样的规定不仅有助于防范潜在的工资纠纷，也确保雇员在合同期间获得合理的经济待遇。

第一，劳动合同应当清晰明确雇员的工资水平。工资水平包括基本工资和可能的奖金等组成部分。基本工资是雇员按照工作内容和劳动力市场的供需关系所能获得的最低工资水平，而奖金则基于个人或团队的绩效表现而发放。合同中的这些规定有助于雇员了解自己的薪酬构成，为双方建立合理的期望，减少工资方面的争议。

第二，劳动合同应规定雇员的福利待遇，其中包括社会保险等。社会保险是雇员获得一定福利的重要途径，包括养老保险、医疗保险、失业保险等。明确这些福利待遇有助于雇员了解自己在就业期间享有的权益，也为雇主提供了合法合规的雇佣框架。

3. 双方权利和义务

合同在规定雇佣关系中，有责任明确双方的权利和义务，确保雇员和雇主在雇佣关系中具体了解各自的角色和责任。这些规定涉及雇员的工作责任、保密义务以及雇主的管理权利等方面，对于维护合同当事人的合法权益、防范潜在的合同纠纷起着关键作用。

第一，合同应清晰规定雇员的工作责任。这包括工作的具体内容、工作目标和绩效要求等。明确的工作责任有助于雇员了解其在组织中的角色，减少因沟通不畅导致的误解和纠纷。同时，这也为雇主提供了对雇员工作表现进行评估和管理的依据。

第二，保密义务在合同中也需得到详细规定。雇员在从事某些工作时可能接触雇主的商业机密或敏感信息，因此有必要在合同中约定雇员对这些信息的保密义务。这一规定有助于保护雇主的商业利益，防范信息泄露风险。

第三，雇主的管理权利也应在合同中明确定义。雇主需要对员工的工作进行管理和监督，确保工作按照组织的需要进行。合同中的这些规定为雇主提供了法律依据，使其能够有效管理组织内的人力资源。

（二）多元化的劳动纠纷解决途径

1. 劳动仲裁的迅速高效

劳动仲裁作为一种迅速高效的劳动纠纷解决途径，借助专业的仲裁机构能快速裁决争端，从而显著减少了争议解决的时间和成本。通过雇员和雇主共同选择的仲裁程序，双方能更加高效地解决纠纷，提升了解决效率。这种解决机制在促进劳动关系和谐方面发挥了积极作用。

第一，劳动仲裁的快速性是其突出特点之一。相较于传统的法院诉讼程序，仲裁通常能在较短的时间内作出裁决。这有助于迅速解决争端，避免了漫长的审理过程，使双方能更早地恢复正常工作秩序。快速解决争端也有助于防止纠纷进一步升级，维护了劳动关系的稳定性。

第二，劳动仲裁通过专业的仲裁机构进行，保证了裁决的专业性和公正性。仲裁员通常是经验丰富、行业了解深入的专业人士，能更准确地判断案件事实和适用法律。相比之下，法院可能因案件繁多、法官专业背景有限而导致判决的滞后和不确定性。仲裁的专业性有助于确保争端的公正解决，增强了双方对裁决结果的信任。

第三，劳动仲裁的成本相对较低。相较于传统的法院诉讼，仲裁程序通常更加简化，省去了繁琐的法庭程序和诉讼费用。这使雇员和雇主能以更经济的方式解决纠纷，避免了因法律诉讼而导致的高昂费用负担。降低了解决成本有助于各方更愿意选择仲裁作为解决途径，推动了劳动纠纷解决机制的广泛应用。

2.法院诉讼的程序与条件

当雇佣关系中的争议需要通过法院诉讼解决时，当事人必须符合一系列法定的程序和条件。法院作为独立、中立的第三方，扮演着确保争端在法律框架内得到公正、公平解决的角色。法院的介入为合同当事人提供了一个正规、有力的法律救济途径。

第一，法院诉讼的程序要求当事人按照规定的法律步骤进行，确保整个诉讼过程合乎法律的要求。这包括递交诉状、开庭审理、提交证据、辩论等一系列程序。法庭会在法定时间内安排听证，确保双方充分陈述自己的意见和提供证据。这一程序性的要求旨在保障每一方在法庭上都有平等的机会陈述自己的观点，确保公正审理。

第二，法院诉讼的条件包括合法的争议主题和当事人的法定资格。争议主题必须符合法律规定，如与雇佣合同、劳动法规等有关的法律问题。同时，当事人必须具备法定的资格，即有权在法院起诉或被起诉。这有助于防止无关的争议或不符合法定条件的案件进入法院，维护法院资源的有效利用。

第三，法院作为解决争端的机构，需要确保双方都有适当的法律代理，以确保法庭程序的顺利进行。法定的程序还包括在案件中的调解和调查等程序，以寻求可能的和解和解决方案。这种多元化的程序安排有助于更全面地解决争端，减轻法院负担。

第四，法院的介入提供了一种法律救济途径，确保合同当事人能在法律框架内获得正义。法院在诉讼过程中能对证据进行全面审查，并根据法律规定作出公正的判决。这种法律救济途径为合同当事人提供了一种有力的手段，使其能够依法主张权益，同时也为法治社会的建设提供了坚实的基础。

第四节　知识产权法与企业创新

一、知识产权保护

（一）专利保护

1. 专利制度的重要性

专利制度在知识产权法中的地位至关重要，它为企业在技术创新领域提供了强大的法律保护。通过申请专利，企业能确保其创新技术的排他性权利，从而有效防止他人未经授权使用、制造或销售相同或类似的产品。这一独占性保护不仅是为了维护企业的创新努力，更为企业提供了稳定的法律基础，对于企业在市场竞争中的地位至关重要。

首先，专利制度激励了企业在研发领域的投入。企业通常需要投入大量的资金和资源进行技术创新，而专利制度为其提供了一种保护这些创新投入的机制。知道其创新技术能通过专利得到独占性保护，企业更有动力加大在研发活动上的投入，提高技术水平，增强市场竞争力。

其次，专利制度有助于推动技术的快速转化。由于专利持有人拥有对特定技术的独占权，其他企业需要通过合作、许可或技术交叉许可等方式获取相关技术。这种技术转化的机制促使企业之间形成合作与竞争的动态平衡，加速了技术的传播和应用。

再次，专利制度为企业提供了法律手段来应对侵权行为。一旦其他企业未经授权使用或复制专利技术，专利持有人可以通过司法途径追求合法权益。这有效地打击了知识产权的侵权行为，提高了企业保护自身利益的能力。

最后，专利制度为企业创新提供了资本市场上的信用背书。拥有有效专利的企业通常更容易获得投资和融资，因为专利不仅是企业技术实力的象征，也是企业未来盈利潜力的保障。这种信用背书有助于企业更好地融入资本市场，获取更多的发展资源。

2. 激发研发投入

专利保护的存在为企业进行高风险的研发活动提供了信心和激励。企业在创新领域的投入通常伴随着不确定性和高成本，而专利制度为其创新提供了一种有效的保护机制，通过对创新成果的垄断权，为企业创造了更为有利的市场环境和经济回报。

第一，专利保护使企业在研发领域更具信心。由于研发活动常伴随高风险和不确定性，企业需要投入大量资源进行实验和试错。专利制度为企业提供了在技术创新中获得合法保护的途径，企业一旦取得专利，就可以在一定期限内独享创新成果，防止他人的模仿和侵权。这种法律的保护让企业更有信心投入高风险的研发活动，提高了企业技术创新的积极性。

第二，专利保护为企业创造了市场上的竞争优势。通过专利获得对创新产品或技术的垄断性权益，企业在市场上能提供独特的产品或服务，吸引更多消费者的关注。这种独占地位不仅为企业创造了更大的市场份额，也为企业带来了更丰厚的经济回报，进而增强了企业在行业中的竞争力。

第三，专利保护还激励企业在技术创新方面进行更为深入和广泛的研发活动。企业在寻求专利保护时，通常需要不断推陈出新，保持在技术领域的领先地位。这种竞争机制促使企业不断加大研发投入，推动了科技进步和产业升级。

（二）商标保护

1. 建立独特品牌形象

商标制度的存在为企业建立独特的品牌形象提供了有效的法律手段。通过商标的注册和使用，企业能在市场上塑造独特的品牌标识，这对于企业在激烈的竞争环境中脱颖而出至关重要。

首先，商标注册为企业提供了独占性的品牌标识。商标作为一种法定的知识产权，一旦获得注册，企业就能拥有对特定标识的专有使用权。这意味着在同一领域内其他企业不能随意使用相似的商标，有效防止了品牌的混淆和侵权，为企业创造了市场上的独特地位。

其次，商标的使用使企业的产品或服务在市场上能迅速被认知。消费者通过商标能直观地识别出产品的制造商或服务的提供者，建立对品牌的认同感。这种品牌认同感有助于提高消费者的信任度，使消费者更倾向于选择熟悉和信赖的品牌，为企业赢得市场份额。

最后，商标的合理运用有助于企业建立良好的品牌形象。通过巧妙设计的商标，企业可以传达出特定的品牌理念、文化和价值观，形成独特的品牌形象。一些成功的品牌通过其独特的商标成功地树立了在消费者心中的形象，使其品牌更具有辨识度和吸引力。

2. 品牌的市场份额

商标的独特性和法律保护共同激发了企业对品牌的深度投资，为企业在市场上赢得更大份额创造了有利条件。

首先，商标的独特性吸引了更多的消费者。由于商标是企业在市场上的独特标识，独特的商标设计和形象能引起消费者的兴趣和认知。消费者在众多产品和服务中往往更容易记住和选择具有独特商标的品牌，从而增加了企业产品或服务的市场曝光度和吸引力。

其次，法律对商标的保护为企业提供了安全感。企业在设计和维护自己的商标时，法律体系的支持使企业能在市场上确保对特定标识的独占性使用权。这种法律保护降低了其他竞争者模仿或侵权的可能性，有助于保持企业在市场上的独特地位，从而保障了企业市场份额的稳定增长。

最后，通过品牌的长期建设和维护，企业能树立起在消费者心中的品牌形象，建立品牌忠诚度。消费者对熟悉和信任的品牌更为忠诚，更愿意选择并推荐给其他消费者。这种品牌忠诚度有助于企业稳固现有的市场份额，甚至在市场扩大时吸引更多新客户。

(三)著作权保护

1. 原创作品的法律保护

著作权制度的建立为企业提供了对原创作品的全面法律保护，涵盖了软件、文学作品、音乐、艺术品等多个领域。这种法律保护的存在对企业的创新活动产生了积极的影响。

首先，著作权制度为企业提供了对原创作品的独占性权利。通过著作权的注册和确认，企业可以对其原创作品享有一定的独占性，防止他人未经授权的复制、传播或使用。这为企业提供了在市场上保护自身独特创意的手段，激发了其进行更多创意性工作的积极性。

其次，著作权的存在鼓励企业进行创新。企业在知道其创意作品会受到法律保护的情况下，会更愿意进行前瞻性、独创性的工作。这种法律保护不仅在技术领域有所体现，还在文学、艺术等创意产业中发挥了积极作用，推动了各个领域的创新发展。

最后，著作权的建立为企业提供了依法追究权益的途径。当他人侵犯企业的著作权时，企业可以依法追究其法律责任，维护自身的合法权益。这种法律保护的存在增强了企业的信心，使其更加愿意在创新方面进行大胆尝试。

2. 文化和科技的创新

著作权的保护在经济领域的激励之外，对文化和科技的创新也发挥着重要的推动作用。

第一，著作权制度为文化创新提供了稳定的法律环境。在文学、艺术、音乐、电影等领域，艺术家和创作者通过著作权得以保护其作品的独立性。这一法律保护使文化创作者更加愿意投入时间和精力进行创作，因为他们知道其独特的创意会得到法律的认可和保护。这种激励机制有助于培养和激发更多的文艺创作者，推动文学、艺术和音乐等领域的不断创新。

第二，著作权对科技创新的推动同样显著。在软件开发、科研领域，著作权为创新者提供了对其研究和成果的法律保护。创新者可以通过专利、著作权等手段保护其科技创新的成果，从而获得对创新成果的独占性权利。这种独占性权利不仅鼓励企业加大对研发的投入，也促使科研机构更加积极地进行前沿科技研究。

第三，著作权的存在促进了文化与科技的交叉创新。在当代社会，文化和科技的融合越来越成为推动社会进步的关键力量。通过著作权的保护，科技成果能更好地在文化领域得以表达和传播，文化创意也能更好地借助科技手段实现创新。这种交叉创新为社会带来了更多元、更富有创意的文化产品和科技应用。

二、创新法律支持

(一)税收政策支持

1. 降低研发活动税收负担

税收政策在支持创新法律方面扮演着至关重要的角色，其中降低企业研发活动的税收负担被认为是一项重要手段。许多国家通过减少企业在研发领域的税收负担，为企业提供实际的经济激励。其中之一是采取研发费用税收抵扣的政策，通过这一措施，企业可以将其在研发活动中发生的费用列入抵扣范围，从而降低其应纳税额。这不仅减轻了企业的财务负担，还为其提供了更多的资金用于创新和研发。

另一项重要的政策是研发投入加计扣除，政府通过这一措施鼓励企业增加对研发的投入。通过在企业纳税计算中对研发支出进行加计扣除，政府有效地降低了企业的创新成本，为企业提供了更大的财务激励，从而增强了企业的创新积极性。这种方式下，企业更有动力投入更多资源进行创新，从而提高其在市场竞争中的竞争力。

这些税收政策的实施，不仅有助于降低企业在研发领域的经济负担，也在宏观层面上推动了国家整体的创新能力。政府通过这些激励措施，促使企业更加积极地投入到创新活动中，推动科技和产业的升级。此外，通过建立健全的税收政策框架，政府还能引导企业的研发方向，促进战略性和前瞻性领域的发展，从而推动整个国家在科技和经济领域的可持续发展。

2.税收激励政策的积极影响

税收激励政策的实施在企业创新方面发挥了积极而深远的影响。企业在面对激烈的市场竞争时，税收激励政策激发了其进行创新性研发活动的积极性。这一政策的优势之一在于能在经济体系中为企业提供实质性的支持，从而有效降低企业的研发成本。通过减轻企业的负担，税收激励政策为企业创新提供了更为灵活和可持续的财务支持。

税收激励政策的关键在于能推动企业提高技术水平。在充满不确定性和风险的创新领域，企业可能面临高昂的研发成本和投入，而税收激励政策有效地减轻了这一负担。通过采取研发费用税收抵扣和研发投入加计扣除等措施，政府在财政上支持了企业在技术创新方面的努力。这种激励政策不仅有助于企业在现有技术基础上进行改进，还鼓励企业进入更为前沿的科研领域，推动技术的前进和创新的实现。

更为重要的是，税收激励政策促进了技术的转化和产业的升级。通过降低企业在研发过程中的财务负担，政府有效地推动了技术成果的商业化和市场化。企业在享受税收激励政策的同时，也更有动力将其研发成果转化为实际的生产力和经济效益。这一过程不仅推动了产业结构的升级，还加速了科技成果向市场的输送，为国家经济的可持续发展创造了有利条件。

税收激励政策的实施不仅是为了追求企业自身的利益，更是着眼于整个产业和国家经济的长远发展。通过为企业提供财政支持，政府在促进技术创新的同时，也推动了国家整体创新体系的建设。这种持续的激励政策有助于形成一个创新驱动型的经济体系，使国家能在全球科技竞争中保持竞争优势。税收激励政策的积极影响不仅在于其直接推动了企业创新，更在于其对整个国家创新生态系统的积极塑造和引导作用。

（二）科技创新奖励

1. 鼓励突出成就

科技创新奖励制度在创新法律的支持下，成为促进科技发展的重要机制。政府和相关机构通过设立科技创新奖励，为在技术研发、科技创新和产业升级方面取得突出成就的企业进行表彰和奖励。这一奖励体系不仅是对企业的一种肯定，更是一种积极的激励，旨在激发更多企业加大科技投入，推动整个产业的可持续发展。

第一，科技创新奖励制度是对企业努力和成就的一种公开认可。通过对技术研发和科技创新方面的卓越成就进行奖励，政府承认企业在推动科技进步方面所做出的积极贡献。这种公开的认可不仅能提升企业的声誉，还可以激发其他企业追求卓越的动力。企业在获得科技创新奖励的同时，也收获了更为广泛的社会认同，为其未来的发展提供了有力支持。

第二，科技创新奖励制度具有显著的激励作用。通过设立奖项并提供相应的奖金或荣誉，政府鼓励企业在科技创新方面持续取得卓越成就。这种激励不仅来自奖金本身，更体现在奖励的公开性和权威性上。企业在获得科技创新奖励后，不仅获得了一定的财务回报，还得到了社会的高度认可，为其进一步扩大研发投入和加强创新能力提供了强大的动力。

第三，科技创新奖励制度还具有推动产业发展的效果。通过对取得突出科技成就的企业进行奖励，政府引导产业向高科技、高附加值方向发展。企业在追求奖励的过程中，往往需要不断提升自身的技术水平和创新能力，从而推动了整个产业的技术水平的提升和产业结构的优化。这种引导作用有助于形成以创新为驱动的产业体系，为国家经济的可持续发展打下坚实的基础。

2. 提高企业创新积极性

科技创新奖励的设立对提高企业创新积极性产生了显著的影响。这一奖励机制为企业在科技创新领域的表现提供了直接的经济回报，从而激发了企业更加积极地参与和投入到研发活动中。这种积极向上的激励机制不仅推动了企业的创新活动，也为整个社会的科技水平提升创造了有利条件。

第一，科技创新奖励为企业提供了直接的经济激励。通过设立奖项并提供相应的奖金或其他经济回报，政府为企业在科技创新方面的努力提供了有力的财务支持。这种直接的经济回报使企业在追求科技创新时能更好地应对高昂的研发成本和技术投入。企业在获得奖励的同时，也获得了更多用于研发的资金，从而加速了创新活动的推进。这种经济激励不仅使企业在研发方面更有动力，也为其提供了更为灵活的财务支持，推动了其科技创新的不断深入和拓展。

第二，科技创新奖励机制建立了一种积极的创新环境。企业在竞争激烈的市场中，为了争取科技创新奖项而积极参与创新活动。这种竞争机制不仅促使企业加大研发投入，还激发了它们在技术创新和产业升级方面的竞争力。企业之间的激烈竞争在一定程度上推动了整个社会的科技水平不断提高。此外，由于科技创新奖励通常伴随着技术成果的公开，这也促使企业更愿意分享技术和经验，进一步促进了科技创新的良性竞争与合作。

第三，科技创新奖励机制加强了企业对创新文化的认同和培育。企业在追求奖励的过程中，不仅注重具体的研发成果，更注重创新过程中的团队协作、创新管理和技术应用。这种全方位的创新观念有助于形成一种企业内部的创新文化，使创新不再仅是个别项目的追求，而是贯穿企业整体运营的核心理念。这样的文化氛围进一步激发了员工的创新热情，形成了更为有活力和具有竞争力的企业创新体系。

第五章

经济法与可持续发展

第一节 环境法与可持续经济

一、环境法律框架

(一)法规体系概述

在可持续发展理念的指导下,环境法律框架构建了广泛而有力的法规体系,旨在全面保护自然资源和生态系统。这一复杂而系统的法规体系涵盖了多个关键领域,包括但不限于大气、水体、土壤等多个环境要素,形成了一套完善的法规保障体系。

环境法的法规体系首先以全局性的视角考虑,将大气、水体和土壤等自然资源作为统一的保护对象;通过细致的法规制定和规范,确保各个环境要素在经济活动中得到充分的保护,以避免因人类活动导致的环境破坏。这种综合性的法规体系旨在保障自然资源的可持续利用,维护整个生态系统的健康稳定。

在大气方面,环境法规体系明确了大气污染的防治标准,规范了排放源的管理和控制。通过设立具体的法规,如大气污染防治法等,对空气质量的要求和管理得以细致规范,以确保大气环境不受到不可逆转的损害。

在水体方面,法规体系通过水污染防治法等法规,设定了水质标准、加强了排放源的监管,对水资源进行了分类管理。这一细致的法规框架确保水体得到充分的保护,水质的持续维护,有力地维护了水资源的可持续利用。

土壤作为生态系统的重要组成部分,在环境法规体系中同样得到了充分的关注。通过土壤污染防治法等法规的制定,明确了土壤质量标准,规范了土壤污染的调查、评估和治理,以防止土壤污染对农业和整个生态系统的不良影响。土壤法规体系为土壤的可持续利用和保护提供了坚实的法律基础。

这一环境法规体系不是各项法规的简单叠加,而是一个有机整合的体系,通过法律手段形成了对自然资源和生态系统的全方位保护。该体系的建立有助于实现环境与经济的协调发展,为可持续发展提供了有力法规支持。在这一法规体系的引导下,社会将更好地实现资源的可持续利用,促进经济的绿色发展,实现环境、社会和经济的协同进步。

（二）空气法规的制定与完善

1. 大气污染防治法

大气污染防治法的实施旨在有效降低大气污染水平，确保空气质量符合环保标准，维护公众健康和生态平衡。该法规通过一系列的具体规定，在源头和管理层面采取切实可行的措施，以应对日益严峻的大气环境问题。

首先，大气污染防治法明确了大气排放标准，设定了不同污染物的排放限值，对污染源进行了详细分类。通过这些标准，法规对工业、交通、能源等领域的主要排放源进行了规范，强调了对大气污染物的控制和监测。这有助于确保空气质量在合理范围内，并为国家实现大气环境质量的提升提供了具体操作指导。

其次，大气污染防治法鼓励和推动清洁能源的应用。法规明确提出支持和推动清洁能源的发展，促使能源行业向更加环保的方向转变。这包括对可再生能源的鼓励和支持，同时对高耗能和高污染的传统能源产业进行限制和引导，以实现能源结构的绿色升级。

再次，大气污染防治法规范了大气污染防治工作的组织和管理。法规明确了地方政府和相关部门的责任，要求建立健全的监测、报告和应急响应机制。法规鼓励开展大气污染防治科技研究，推动污染防治技术的创新和应用，以提高治理效果。

最后，大气污染防治法在管理大气环境中强调了市场机制的作用。法规提倡采取经济手段，如排污权交易制度，促使企业主动采取减排措施，推动大气污染治理的经济效益最大化。这种强调市场机制的方式有助于提高治理的经济效率，实现环境保护和经济发展的协同推进。

2. 清洁空气行动计划

清洁空气行动计划的实施是为了进一步加强大气污染治理，通过细化各地区的治理任务和设定阶段性目标，促使地方政府采取更加切实有效的措施，全面推动大气环境治理的深入进行。

首先，清洁空气行动计划在任务细化方面取得了重要进展。计划通过对各地区大气质量状况的综合分析，明确了不同地区的治理重点和难点，有针对性地细化了治理任务。这种差异化的任务细化考虑到了地方特有的环境背景和产业结构，更符合实际情况，有助于推动治理工作的有序开展。

其次，清洁空气行动计划明确了阶段性的治理目标。通过设定具体的治理目标，如降低特定污染物排放量、提高空气质量指数等，计划为大气治理工作划定了明确的方向。这种目标明确性有助于激励地方政府采取有力措施，落实治理计划，推动治理工作朝着可持续方向迈进。

再次，清洁空气行动计划还通过加强地方政府的责任和监督机制，推动治理措施的全面执行。通过强调地方政府的主体责任，计划要求加强组织领导、政策制定和项目实施，提高治理工作的主动性和针对性。同时，建立健全的监督机制，加强对治理工作的评估和反馈，有力推动治理措施的切实可行性。

最后，在加强大气环境治理的过程中，清洁空气行动计划还注重推动技术创新和产业升级。通过鼓励采用清洁能源、引导高污染产业的转型升级等措施，计划促使相关产业更加环保可持续地发展。这为大气污染治理提供了更深层次的支持，推动了整个社会的结构性转变。

（三）水法规的细致管理

1. 水污染防治法

水污染防治法的实施标志着对我国水环境管理的深入规范和加强。该法旨在通过设定水质标准、强化排放源监管等措施，全面管理水体，以确保水资源的可持续利用和水质的持续改善。这一法规在水环境治理方面起到了积极而深远的作用。

第一，水污染防治法通过设定水质标准，对各类水体的水质进行了量化明确的要求。水质标准的设定不仅涵盖了常规的水污染物，还包括了一系列对人体健康和生态系统有潜在风险的新兴污染物。这种全面的水质标准体系为水环境质量的监测、评估和管理提供了科学依据，对于建立健全的水环境管理体系具有重要意义。

第二，水污染防治法通过加强对排放源的监管，对各类排污单位进行了明确的责任划分和监督管理。法规规定了排放标准和许可制度，对企业进行了明确的排污许可管理，强化了对排放过程的全程监控。这有助于实现对污染源的全面控制，减少对水体的直接污染，保障水资源的可持续利用。

第三，水污染防治法对水体进行了分类管理。通过划分水体的不同类别，将水体进行科学合理的管理，更好地适应不同水域的特殊情况和用途需求。这种分类管理有助于制定更为精细的水环境质量标准和治理措施，为实现水资源的综合、有效管理提供了科学的手段。

第四，水污染防治法还规定了水环境保护的各项措施，包括水资源的开发、利用和保护，以及对特定区域的特殊管理措施。通过对各类水体的不同特征和用途进行细致区分，法规为不同区域和场景下的水环境治理提供了具体的指导方针。这有助于更好地协调水资源的开发和保护之间的关系，实现水资源的可持续利用。

2. 水环境治理项目立法

水环境治理项目立法旨在通过法规手段，明确水域生态修复和水质改善的计划和项目管理，推动湖泊、河流等水域的可持续发展。这一法规的实施将在水资源保护、水生态系统恢复和社会可持续发展等方面产生深远的影响，为我国水环境治理事业注入新的法制动力。

第一，该法规从宏观层面明确了水环境治理的总体目标和方向。通过设定明确的治理目标，如水域生态修复、水质改善等，为水环境治理工作提供了明确的导向。这有助于在全国范围内推动水环境治理的共同理念和共同努力，形成统一的法规框架，提升水环境治理的整体效果。

第二，该法规通过对湖泊、河流等水域的特殊管理进行规范，明确了不同水域的治理策略和要求。不同类型的水域可能存在不同的水质问题和生态状况，因此需要有针对性地采取治理措施。该法规通过科学合理的分类管理，有助于制定具体而有效的治理方案，提高治理的精准性和效果。

第三，该法规还注重推动生态修复项目的实施。通过明确生态修复项目的管理制度、资金支持等方面的规定，该法规为生态修复项目提供了可行的法规基础。这不仅有助于重建受损的水域生态系统，还推动了水域生态系统与人类活动之间的和谐共生，实现了水域生态平衡的逐步恢复。

第四，该法规通过设定水域监测和评估的要求，加强了对治理效果的评估和反馈机制。这有助于实现治理工作的动态调整，确保治理目标的实现，并为未来的水环境治理提供经验总结和科学指导。

第五，该法规在项目管理方面强调社会参与和公众信息透明。通过规定公众参与水环境治理的方式和程度，提高了治理过程的公正性和民主性。这不仅有助于获取更多的治理建议和经验，还增强了公众对治理工作的认同感，推动了社会共治的理念在水环境治理中的落地。

（四）土壤法规的有效实施

1. 土壤污染防治法

土壤污染防治法设定土壤质量标准，规范土壤污染的调查、评估和治理，以防止土壤污染对农业和生态系统的不良影响。

（1）土壤质量标准的设定与重要性

土壤污染防治法的核心在于设定全面而科学的土壤质量标准。这一标准的设立不仅涵盖了各类污染物，还考虑了土壤在不同用途下的适应性。通过这一标准的设定，实现了对土壤质量的量化要求，确保了土壤的可持续利用。此举有助于规范农业、城市建设等领域的土壤使用，减轻土壤污染对农业和生态系统的负面影响。

（2）土壤污染调查与评估的全面展开

土壤污染防治法在土壤污染调查和评估方面有详细规定。首先，法规对土壤污染源的调查要求进行了详细规定，明确了调查的对象和方法。其次，法规通过对土壤环境质量的评估，系统地分析了土壤质量的现状和变化趋势，为后续的治理工作提供了科学的基础。这样全面的调查和评估体系有助于更准确地了解土壤污染的程度和范围，为精细化治理提供了必要的数据支持。

（3）治理措施与科技创新的促进

土壤污染防治法在治理方面提出了一系列的具体措施。法规通过设定治理标准，规范了土壤污染治理的操作方法。此外，法规还鼓励和支持科技创新，推动治理技术的不断升级。通过这些治理措施的推动，旨在最大限度地减轻土壤污染对农业产出和生态系统的损害，实现土壤的持续改善。

（4）土壤污染风险管控与应急响应体系的建立

土壤污染防治法在风险管控和应急响应方面进行了系统的规范。法规通过设定土壤污染风险评估标准，对可能引发污染的行为进行风险评估。同时，法规还规定了应急响应的程序和措施，确保在污染事件发生时能迅速、有效地进行处置。这一完备的风险管控和应急响应体系，为预防和化解潜在的土壤污染风险提供了制度性的保障。

2.土地利用总体规划法规

土壤污染防治法的制定旨在通过法规手段，建立和完善土壤污染防治的法律体系，规范土壤质量，强调对土壤污染的调查、评估和治理，以保护农业生产、维护生态系统的稳健运行。这一法规在土壤环境管理、农业可持续发展和生态保护等方面具有深远的意义。

第一，土壤污染防治法通过设定土壤质量标准，明确了不同用途土地的质量要求。法规考虑了农业、建设、工业等多种土地用途，为不同场景下的土壤保护提供了科学的依据。通过这一标准，法规有力地规范了土壤质量，为实现土地多功能利用提供了法律支持。

第二，土壤污染防治法强调土壤污染的调查、评估和监测工作。通过规定详细的调查和评估程序，法规要求对潜在的土壤污染源、受污染土地进行系统全面的调查，评估土壤污染的程度和危害程度。这一过程有助于全面了解土壤环境的状况，为有效治理提供了科学依据。

第三，土壤污染防治法强调对土壤污染的治理和修复。通过设定治理标准和修复技术要求，法规规范了不同程度土壤污染的治理方案。这有助于防止土壤污染对农业生产和生态系统产生长期不可逆转的影响，维护土地的可持续利用。

第四，土壤污染防治法注重加强土壤环境监测和信息公开。通过设定监测网络和监测计划，法规要求建立全面的土壤环境监测体系，定期发布土壤环境质量状况，提高了对土壤环境状况的动态监控。同时，强调信息公开，提高了公众对土壤环境问题的关注程度，促使各方共同参与土壤保护工作。

第五，土壤污染防治法注重对土壤保护工作的技术研究和科技支持。通过鼓励和支持科研机构、企业在土壤保护和修复领域进行创新性研究，法规有助于推动土壤环境治理技术的不断提升，为土地资源的永续利用提供了技术支持。

二、可持续经济发展法规

（一）资源利用标准的设定

1.资源综合利用法规

资源综合利用法规的制定旨在通过法规手段，明确资源的合理开发和利用原则，设定资源利用效率标准，引导企业推行循环经济，以减少资源浪费，促进可持续发展。这一法规在资源管理、产业升级和环保方面具有深远的意义。

第一，资源综合利用法规通过设定资源的合理开发和利用原则，强调在资源利用过程中应当遵循可持续发展的原则。法规明确资源的有限性和可再生性，要求在资源的勘探、开发、利用中充分考虑资源的可再生性，避免对资源的过度开采和不合理利用。这有助于建立科学、可持续的资源利用理念，推动资源管理向更为环保和可持续的方向发展。

第二，资源综合利用法规通过设定资源利用效率标准，规范资源利用的过程。通过对不同产业和领域设定合理的资源利用效率标准，法规引导企业实施节约型、高效型的生产模式，减少资源浪费。这一措施有助于提高整个社会的资源利用效率，降低资源消耗，为可持续发展创造更为有利的条件。

第三，资源综合利用法规强调推动企业实施循环经济。通过制定相关政策和措施，法规鼓励企业在生产、经营中采用循环利用、再制造、再生产等方式，减少资源的单一使用，实现资源的多次循环利用。这有助于促使企业逐步实现由线性经济向循环经济的转变，推动整个产业链的绿色升级。

第四，资源综合利用还注重对资源管理的科技支持。通过鼓励和支持科研机构、企业在资源综合利用领域进行创新性研究，法规促进了资源开发和利用技术的不断提升。这有助于推动资源管理的智能化和绿色化，为提高资源利用效率提供技术支持。

第五，资源综合利用法规通过建立资源监测和评估体系，强调对资源利用状况的动态监控。通过设定资源利用情况的报告和公示制度，法规提高了资源利用信息的透明度，促使企业和社会公众更加关注和参与资源综合利用的过程。

2.可再生能源发展法规

可再生能源发展法规的制定旨在通过法规手段，明确可再生能源装机容量目标、推动技术创新等内容，促进清洁能源的发展，降低对不可再生能源的依赖。这一法规在能源转型、可持续发展和应对气候变化等方面具有深远的战略意义。

第一，可再生能源发展法规通过设定可再生能源装机容量目标，为清洁能源的可持续发展提供了明确的方向。法规规定了在特定时间内，国家或地方应该实现的可再生能源装机容量目标，鼓励并引导各级政府、企业等相关主体在发展可再生能源方面取得实质性的进展。这有助于推动能源结构的转型，实现对传统能源的逐步替代，为减缓气候变化和应对环境挑战提供了重要的法规支持。

第二，可再生能源发展法规注重推动可再生能源技术创新。通过设定技术创新的政策和支持措施，法规鼓励科研机构和企业在可再生能源技术研究、开发和应用方面进行创新性工作。这有助于推动清洁能源技术的升级和突破，提高可再生能源的利用效率，降低其成本，为可再生能源的大规模应用创造了更有利的条件。

第三，可再生能源发展法规通过制定配套政策，鼓励投资和市场发展。法规规定了支持可再生能源项目的财政、税收、补贴等方面的政策，为企业和投资者提供了可持续发展的政策环境和市场保障。这有助于吸引更多的资金投入到可再生能源领域，推动行业的快速发展，降低清洁能源的整体成本。

第四，可再生能源发展法规注重加强电力系统的智能化和网络化建设，以更好地实现可再生能源的接纳和调度。通过设定智能电网建设的目标和标准，法规推动电力系统的现代化升级，提高电力系统对可再生能源的适应能力，确保清洁能源能更加稳定和有效地融入能源体系。

第五，可再生能源发展法规强调可再生能源发展过程中的社会参与和公众宣传。通过设定信息公开和社会参与的规定，法规提高了清洁能源发展过程的透明度，加强了社会对可再生能源的认知和参与度，形成了共建共享的清洁能源发展理念。

（二）环保产业的法规支持

1. 清洁生产促进法规

清洁生产促进法规的制定旨在通过法规手段，设定清洁生产标准、推动企业实施清洁生产技术，促进产业结构升级，降低对环境的负面影响。这一法规在产业发展、环境保护和可持续发展等方面具有深远的战略意义。

第一，清洁生产促进法规通过设定清洁生产标准，为企业在生产过程中减少污染物排放和资源浪费提供了明确的法规要求。法规规定了各类工业企业应当达到的清洁生产标准，强调了减少污染、提高资源利用效率的要求。这有助于引导企业树立绿色生产理念，促使企业加强环境管理，推动生产方式向更为清洁和可持续的方向发展。

第二，清洁生产促进法规注重推动企业实施清洁生产技术。通过设定清洁生产技术的支持政策和鼓励措施，法规鼓励企业投入研发和应用清洁生产技术，提高生产过程中的资源利用效率，减少对环境的不良影响。这一措施有助于促使企业更新生产技术，降低生产的环境风险，推动整个产业链向更为环保的方向转变。

第三，清洁生产促进法规强调对清洁生产过程中产生的废弃物和排放物的管理和处置。通过设定废弃物和排放物的处理标准和要求，法规推动企业规范处理生产过程中产生的污染物，降低对环境的负面影响。这有助于建立更为严格的废物管理体系，实现废物资源的最大化利用，减少对环境的负担。

第四，清洁生产促进法规注重对清洁生产的技术指导和培训。通过设定技术指导标准和培训计划，法规推动企业提升清洁生产的技术水平，促进员工对清洁生产理念的理解和应用。这一措施有助于提高企业的技术储备，增强企业在清洁生产方面的竞争力，推动产业结构向更为环保和可持续的方向升级。

第五，清洁生产促进法规通过建立清洁生产信息公开制度，提高清洁生产过程的透明度。通过设定企业应当公开的清洁生产信息和数据，法规促使企业更加关注清洁生产过程的公共性和社会责任感。这有助于提高企业在清洁生产方面的社会声誉，加强企业的社会责任感，形成清洁生产的社会共识。

2. 低碳交通法规

低碳交通法规的制定旨在通过法规手段，推动绿色交通技术的发展、建设低碳交通基础设施等，引导交通行业朝着低碳化方向发展，减少交通领域对能源的高消耗。这一法规在能源转型、交通运输可持续发展和应对气候变化等方面具有深远的战略意义。

第一，低碳交通法规通过设定绿色交通技术的发展目标，引导交通行业朝着清洁能源和低碳技术方向发展。法规规定了一系列的技术标准和创新支持政策，鼓励车辆制造商采用清洁能源、低排放技术，推动新能源汽车、电动车辆等低碳交通工具的研发和应用。这有助于减少交通尾气排放，改善空气质量，促进交通运输的绿色升级。

第二，低碳交通法规注重推动低碳交通基础设施的建设。通过设定充电桩、加氢站、自行车道等低碳交通基础设施的政策和支持措施，法规鼓励城市和交通运输企业加大对低碳基础设施的投资和建设。这一措施有助于提高低碳交通的便捷性和普及度，为更多人选择低碳交通方式提供便利条件。

第三，低碳交通法规通过设定交通运输规划和管理政策，引导交通行业实现综合运输、智能交通的目标。法规规定了综合交通规划、交通网络建设、智能交通管理等方面的标准和要求，鼓励采用新一代信息技术，提高交通运输系统的智能化程度，降低交通拥堵和能源消耗。这有助于推动交通运输行业实现更高效、更经济的运营模式，减少碳排放。

第四，低碳交通法规注重对交通从业人员的培训和技能提升。通过设定交通从业人员培训计划和技能认证标准，法规推动交通从业人员了解低碳交通理念，提高对新能源汽车、电动车辆等低碳交通工具的操作技能，增强他们在低碳交通领域的专业素养。

第五，低碳交通法规强调低碳交通的宣传和推广。通过设定低碳出行宣传活动和社会教育计划，法规大大提高了社会对低碳交通的认知度和接受度。这有助于形成低碳交通的社会共识，推动更多人积极参与低碳出行，减缓城市交通的环境压力。

第二节 贫富差距与社会公正

一、收入分配法规

（一）税收政策的调整与贫富差距

1. 进步税率的设定

税收法规通过设定累进税率，构建了一种差别化的税收政策，旨在对不同收入层次的人群施加不同的税率，以达到调整贫富差距的目的。这一税收策略的核心理念在于通过递进的税率结构，使高收入人群承担更多的税负，从而实现一定程度的收入再分配，减轻低收入人群的经济负担，以及缓解社会的贫富差距。

在累进税率的设定中，高收入人群被征收相对更高的税款。这意味着随着个人收入的增加，其所应纳税款的比例也随之增加。这样的差别化税收政策不仅符合纳税原则中的税收公平，而且具有社会调节的作用。高收入人群在经济能力相对较强的情况下，通过纳税更多地参与社会公共事务，为社会贡献更多的资源。

低收入人群则享有较低的税率，累进税率政策有助于减轻其经济负担。税收法规通过累进税率实现财富再分配，为社会底层提供更多的经济支持。这对于减缓社会贫困问题、

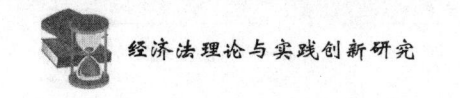

促进社会平等具有显著的作用。

累进税率的设定不仅是一种经济手段，更是社会公正的具体体现。通过差别化的税收政策，税收法规在实现财富再分配的同时，也在制度层面上强调了对社会底层的关爱与支持。这一政策的实施，能为社会创造更加平等、公正的经济环境，推动整个社会向更为包容和可持续的方向发展。

2.特殊收入项目的税收政策

税收法规通过对特殊高收入项目的差别化税收政策的设定，针对性地干预财富的分配，旨在鼓励高收入人群在财富增长中为社会作出更大的贡献，以实现更为公平的收入分配。这一政策的核心在于对一些特殊的收入，如股票收益、资本利得等，采取较高的税率，以确保高收入人群更加公平地分担社会财政责任，避免其通过特殊投资渠道逃避纳税，从而维护社会的经济公正。

在税收法规的实施中，对特殊高收入项目设定较高的税率，旨在通过纳税制度直接影响高收入人群的经济行为。这类收入来源通常与资本市场、投资行为密切相关，其税率的设定直接反映了税收法规对于不同财富来源的不同对待。通过差别化税收政策，法规在税收领域中引入社会公平的原则，确保高收入人群在财富获取中承担相应的社会责任。

这种政策的制定，不仅可以有效防止富人通过特殊投资渠道规避纳税，还能引导高收入人群更积极地参与社会建设和公益事业。高税率的设定鼓励资本回馈社会，促使投资者更加注重企业的社会责任，使经济活动更符合社会的整体利益。

通过这一税收政策，税收法规能在财富分配中更全面地考虑社会公平与公正。此举有助于减缓社会贫富差距的加剧趋势，促使财富更加均衡地分布于整个社会。另外，这种税收政策还有助于构建更加可持续的社会经济结构，为社会的长期发展奠定坚实基础。

（二）社会保障制度的完善与贫困缓解

1.基本社会保障的普及

社会保障法规通过设立普及的基本社会保障制度，旨在确保每个个体都能平等地享有基本的社会福利，其中包括医疗、养老、失业等多方面的保障措施。这一政策的目的在于弥补由于个体经济能力的不同而产生的福利差距，提高全社会的基本生活水平，为弱势群体提供更为可靠的生活保障。

在社会保障法规的实施中，基本社会保障制度被设计为全面、普及的覆盖体系，以确保每个公民都能在社会发展中共享成果。其中的医疗保险涵盖了个体在面对疾病和医疗费用时的基本需求，通过提供基本的医疗服务和费用报销，确保每个人在面临疾病时都能得到及时有效的医疗救助。养老保险则旨在在个体老龄化阶段提供经济支持，通过设定养老金制度，为退休人员提供基本的生活来源。失业保险则通过提供一定期限的经济援助，帮助失业个体渡过难关，重新融入就业市场。

基本社会保障制度不仅关注贫困人群，也对整个社会的公平发展产生积极影响。通过确保每个人都有权利享受基本的社会福利，法规在福利分配方面发挥了调节作用，有效缓解了社会资源的不平衡。此外，基本社会保障制度的普及还为整个社会构建了一个稳定的人力资源体系，提升了国家整体的社会安全和稳定。

这种社会保障法规的实施，有助于构建一个更为公正和包容的社会结构。通过提供普及的基本社会福利，法规为社会的全面发展创造了公平的环境，降低了社会中弱势群体面临的经济风险，提高了社会的整体福祉水平。这一政策也为社会经济的可持续发展奠定了基础，使每个公民都能在社会发展中取得更为平等的机会，共同分享社会的进步成果。

2.强化医疗教育等社会保障领域的投入

法规可通过加大对医疗、教育等社会保障领域的财政投入，提高弱势群体享受基本公共服务的能力。这一政策的核心在于通过增加财政投入，促使医疗和教育等社会保障领域的基础设施建设和服务水平提升，确保资源更加均衡分配，从而有助于提升整个社会的发展水平，减小社会贫富差距。

在医疗领域，法规可以通过建设更多的医疗卫生机构，尤其是在贫困地区增设医疗资源，以满足基层居民的医疗需求。加大对医疗人才的培养和支持，提高基层医疗服务水平，将医疗资源更加均衡地分于在整个社会，为弱势群体提供更方便的医疗服务。同时，法规还可以通过减免医疗费用、提高医保覆盖率等手段，减轻弱势群体看病的负担，促进全民健康，减小社会健康差距。

在教育领域，法规可加大对贫困地区学校建设的投入，提升基础教育水平，缩小城乡和地区之间的教育差距。通过提高教师薪酬、改善学校硬件设施，法规可以提高教育资源的均衡分配，为弱势群体提供更为优质的教育资源。此外，法规还可以通过设立助学金、提供免费教育等方式，降低贫困家庭子女接受高等教育的门槛，促进社会教育的公平发展。

加大对医疗、教育等社会保障领域的财政投入，不仅有助于提升社会公共服务水平，也为弱势群体提供了更多的福祉支持。这一政策的实施，能为社会构建更为公正、包容的发展环境，为全体公民提供更为平等的发展机会，推动社会向更加平等和可持续的方向发展。

二、社会公正法律原则

（一）平等的教育法规

1.教育资源均衡分配原则

教育法规在社会公正的追求中具有至关重要的作用，其中教育资源的均衡分配原则是确保平等教育机会的基石。这一法规旨在通过规定充分的财政投入，特别是对贫困地区学校的投资，以减缓并最终缩小城乡教育资源的差距。财政投入不仅涉及经济支持，更包括对师资、设施和教学资源的公平配置。

在贫困地区，法规的实施应该注重学校师资力量的平衡配置。通过引入激励机制和职业发展计划，吸引和留住高素质教师，提高教育质量。同时，法规还应确保在这些学校建立和更新现代化的教育设施，以提供一个良好的学习环境。这包括图书馆、实验室、体育设施等，确保学生能接触最新的知识和技能。

教育法规还应当着眼于教学资源的公平分配。通过制定政策，确保各学科的教材、课程和技术设备的平等普及。法规可以支持数字化教育资源的开发和应用，使学生无论身处何地都能获取同样优质的教育资源。这样的政策有助于消除地理位置对学生教育机会的不平等影响，推动信息技术在教育中的更广泛应用。

另外，教育法规还应该关注学生个体差异，确保在教育资源分配中考虑不同学生的需求。这包括对特殊教育需求学生的专门支持，以及对才艺和兴趣发展的多元化教育资源。法规可以通过建立奖学金和助学金制度，重点资助家庭经济困难的学生，以便他们能更好地获得高质量的教育。

在实践中，法规的执行需要有持续的监测和评估机制，以确保教育资源的均衡分配策略的有效性。定期的审查和调整有助于法规的不断完善，以适应社会变迁和不断涌现的问题。此外，法规的公众参与和透明度也是确保其有效执行的重要因素，促使社会各界更积极地参与和监督教育资源的分配过程。

2.资助计划的设立与优化

资助计划在教育法规中扮演着关键的角色，通过设立奖学金、助学金等方式，特别关注那些家庭经济困难的学生，以实现平等的教育机会。这些资助计划的设立不仅有助于改善弱势群体学生的教育条件，同时也为他们提供更广阔的高等教育可能性。

首先，奖学金的设立是资助计划的一项重要措施。通过对表现优秀的学生提供奖励，法规鼓励学生在学业上取得更好的成绩。奖学金的颁发可以基于学术成绩、领导才能、社会服务等多方面因素，以确保全面发展的学生能得到应有的认可和支持。这不仅鼓励学生的努力，也为其未来的发展奠定了坚实的基础。

其次，助学金的设立为家庭经济困难学生提供了实质性的支持。这类资助计划通过向家庭经济困难的学生提供经济援助，使他们能更轻松地承担学费、生活费等开销，从而减轻财务压力。助学金的发放可以根据家庭收入、生活费用等方面进行合理评估，以确保帮助最需要的学生，使其能更专注于学业，提高完成学业的机会。

再次，为了确保这些资助计划的有效性，法规需要制定明确的评估标准和监管机制。定期对奖学金、助学金的发放进行评估，根据社会经济状况对资助计划进行优化调整，以适应不断变化的需求。这种评估不仅可以确保资金的合理分配，还可以帮助法规更好地了解资助计划的实际影响，从而进行更有针对性地优化和改进。

最后，法规还应关注资助计划的社会公正性。通过确保不同群体、不同背景的学生都能平等地获得奖学金和助学金，法规有助于减少因社会经济差异而导致的教育机会不平等。这种社会公正性是资助计划的重要目标之一，也是法规在推动教育公平的过程中的一项核心责任。

3.经济差距导致教育机会不平等

法规在教育领域的重要任务之一是关注并解决由经济差距导致教育机会不平等的问题。经济差距往往成为学生之间获取优质教育机会的关键因素，因此，法规应当通过制定特殊政策来有针对性地缩小不同社会阶层学生之间的教育差距，为实现社会公正提供更有力的支持。

首先，法规可以通过在贫困地区增设学前教育项目来解决经济差距导致的教育不平等。学前教育在塑造儿童认知、情感和社会能力方面发挥着至关重要的作用。然而，由于经济差距，一些贫困地区的学前教育资源相对匮乏，使孩子们错过了早期发展的重要契机。法规可以制定政策，增加对这些地区学前教育的资金支持，提升教师素质，改善教学条件，以确保每个孩子都能享受到高质量的学前教育。

其次，法规在制定特殊政策时应该关注家庭经济困难学生的特殊需求。这可能包括提供额外的学费减免、校园补助、免费教材等福利，以减轻家庭经济困难学生的经济负担，使这些学生能更好地参与学校生活。此外，法规还可以通过推出奖学金和助学金计划，有针对性地资助那些有潜力但由于经济原因难以接受高等教育的学生，从而降低因家庭经济困难而导致的教育机会不平等。

再次，法规还可以促使学校采取差异化的教育策略，以满足不同学生的需求。特别是在贫困地区学校，可能存在学生学科水平的不均衡，法规可以推动学校实施个性化教育计划，提供额外的学科辅导，确保每个学生都能根据自己的需求获得合适的教学支持。

最后，为了保障这些政策的执行，法规需要建立有效的监测和评估体系，确保资源得以合理分配并取得实际效果。同时，法规还应该促使学校建立透明的信息公开机制，让社会更清晰地了解到教育资源的分配情况，从而促使学校更加负责任地履行社会责任，推动教育机会的公平分配。

（二）平等的就业权法规

1.反歧视法规的建立

在劳动力市场中，建立和强化反歧视法规是确保每个人平等竞争的基石。这一法规的关键目标是消除基于个体属性，如性别、种族、宗教等的歧视，以创造一个公正的就业环境。

首先，反歧视法规在雇佣方面发挥重要作用。法规可以明确规定，雇主在招聘员工时不得以任何理由对其进行歧视。此外，法规可规范招聘流程，确保招聘广告、面试和录用程序都是公正和平等的，不受个体属性的影响。这样的法规有助于确保每个人有平等地进入就业市场的机会，不受歧视的困扰。

其次，反歧视法规在升职方面也具有重要作用。法规要求企业在升迁过程中基于员工的业绩和能力，而不是基于其个体属性作为评判标准。这不仅有助于增加员工的职业发展机会，也创造了一个更加公平和竞争激烈的职业环境。法规的设立可促使企业建立公正的升职机制，确保每个员工在实现个人潜力的过程中都受到公平对待。

再次，在薪酬方面，反歧视法规定应该保障每个员工在同等岗位上获得相等的报酬。法规要求企业必须公平、透明地制定薪资政策，不得因个体属性而进行歧视性的薪资差异。这有助于消除性别、种族等因素对薪资的影响，为员工提供一个公正的薪酬体系。

最后，法规在执行过程中需要设立有效的监管机制，确保企业严格遵守反歧视法规。监管机构可以进行定期检查和评估，对于违反法规的企业进行制裁，以起到威慑作用。透明的监管机制不仅可以维护员工的权益，也有助于构建一个更加公正、平等的劳动力市场。

2. 弱势群体就业竞争力的提升

为提升弱势群体的就业竞争力，法规在制定政策时可通过实施全面的就业培训和职业转岗计划，着重关注那些面临就业难题的群体，如残疾人和少数民族。这一系列政策的实施旨在通过提升个体职业技能，使其更好地适应市场需求，减少因身份差异而导致的就业不公问题。

首先，法规可以制定专门的培训计划，以提高弱势群体的职业技能水平。这包括提供职业技能培训课程、工作坊和实践机会，以确保这些群体能具备符合市场需求的实用技能。培训计划的设立需要紧密关注当前和未来市场的用工需求，以确保弱势群体接受的培训具有实际意义，并能提升其在职场中的竞争力。

其次，法规还可以推动职业转岗政策的实施，为弱势群体提供更广泛的职业选择。通过在转岗过程中提供相关培训和辅导，法规能帮助这些群体更好地适应新的工作环境，提高其在职场中的适应能力。这种职业转岗政策不仅有助于弱势群体更好地融入劳动力市场，也为其提供了更多发展的机会，减少了由于身份差异而造成的就业不公。

再次，法规应制定差异化的培训政策，特别关注残疾人和少数民族，根据其具体情况制定个性化的培训计划。例如，为残疾人提供适应性培训，以提高其在工作中的自主性和独立性；对于少数民族，则可推动文化教育和语言培训，帮助他们更好地适应多元文化的工作环境。

最后，为了确保这些政策的实施效果，法规需要建立科学的监测和评估机制，对培训和转岗计划的执行进行跟踪和分析。这有助于了解培训的实际效果，及时调整政策以适应市场和群体需求的变化。同时，法规还需要推动企业的积极参与，促使企业提供更多的岗位机会和支持，以共同推动弱势群体的就业竞争力提升。

3. 社会不公带来的挑战

社会不公对就业权的挑战是法规需要关注的一个重要方面。社会不公可能使一些群体面临更加困难的就业环境，这包括失业人员、弱势群体和其他受到不公平待遇的人群。在应对这一挑战的过程中，法规可以通过建立和强化公共就业服务系统，为失业人员提供更多支持，以促使他们更快地融入劳动力市场，缓解社会不公所带来的就业问题。

首先，法规可以推动建立完善的公共就业服务系统，以提供全方位的支持和咨询。这包括为失业人员提供职业指导、职业培训和就业信息服务。通过这些服务，失业人员可以更好地了解市场需求，提升自身职业技能，增加竞争力。公共就业服务系统还可以为失业人员提供就业机会的信息，帮助他们更快地找到适合自己的岗位，减轻因失业而带来的生活压力。

其次，法规可以通过制定激励政策，鼓励企业招聘失业人员。这包括提供税收优惠、雇佣补贴等激励措施，以促使企业更多地关注社会责任，同时为失业人员提供更多就业机会。这种激励政策不仅有助于改善失业人员的就业前景，也有助于促进企业形成更为包容和多元的人才结构。

再次，法规还可以通过设立就业援助计划，为特定群体提供额外支持。这包括针对长期失业者、残疾人、青年等群体的定制化援助措施，以确保他们能更顺利地融入劳动力市场。这种差异化的支持措施有助于解决不同群体面临的特殊就业挑战，从而缓解社会不公所带来的就业问题。

最后，为了确保这些政策的有效性，法规需要建立健全的监管和评估机制，对公共就业服务系统的运行进行定期审查和评估，及时发现问题并进行调整。同时，法规还需要积极与企业、社会组织等合作，形成多方合力，共同推动社会不公带来的就业挑战的解决。

第三节 公共利益法与社会责任

一、公共利益法律规范

（一）公共利益法规范的背景与概述

公共利益法规范代表着对于社会整体利益保护的法律准则，其核心理念在于平衡私人权益与公共利益，尤其在资源管理、国土规划等领域发挥关键作用，以确保资源的合理分配和可持续利用，维护整个社会的可持续发展。

这一法律规范的产生源于对社会资源有限性和私人活动可能对整体社会带来负面影响的深刻认识。在当代社会，资源不平衡分配和私人活动可能引发的环境破坏等问题引起了人们对公共利益的高度关注。公共利益法规范的制定旨在通过法律手段引导个体和企业在追求个体权益的同时，兼顾整个社会的共同利益，从而实现社会公正和资源的可持续利用。

这些规范的范围极其广泛，包括但不限于自然资源管理、土地使用规划、生态环境保护等方面。通过对个体和企业在资源利用、土地开发等行为的规范，公共利益法规范旨在保障公共利益，推动资源的合理分配，以实现社会的可持续发展。

在资源管理方面，公共利益法规范关注制定规范措施，确保资源的有效利用，防止资源的滥用和浪费。这包括对资源采掘、开发、利用等活动的监管，以及对可再生资源和不可再生资源的合理管理。

此外，公共利益法规范还涉及国土规划，以确保土地的合理使用，防止过度开发导致的生态失衡和环境问题。法规可能规定土地使用计划和限制，以维护生态系统的完整性和社会的整体利益。

生态环境保护是公共利益法规范的另一关键领域。法规通过设定环保标准、监测和处罚制度，鼓励和强制个体、企业采取环保措施，减少生产过程对环境的污染，保护生态系统的稳定。

（二）资源管理法规

1.资源保护与合理利用

资源保护与合理利用在公共利益法规范中扮演着至关重要的角色。这一法规领域专注于平衡个体与企业对资源的需求和社会对资源的保护与合理利用的需求，旨在确保在经济活动中不仅不损害公共利益，而且保护资源的可持续性。在这个背景下，资源管理法规涵盖了一系列措施，重点关注资源的采掘、利用和开发等方面。

资源管理法规规定资源的采掘、利用和开发等活动需要经过审批程序。这一审批过程不仅有助于监督和管理资源的开发过程，确保其合法性和合规性，同时也是社会对资源使用的一种约束和引导。审批程序的设立有助于在资源利用中平衡私人权益和公共利益，确保资源不被滥用，同时在资源开发中维护社会整体的利益。

另外，资源管理法规可以明确资源的所有权和使用权。通过界定资源的产权关系，法规可以为资源的管理和利用提供法律基础。这有助于激发资源的有效管理，防止资源过度开发和破坏，同时推动资源的合理利用，使之更符合社会的长远利益。

在法规的指导下，资源管理部门可以制定资源利用计划，明确资源的开发方向和限制。这包括对可再生资源和不可再生资源的不同规划，以确保可再生资源能够得到有效的再生和更新，不可再生资源能在合理范围内利用，减少对资源的过度依赖。

资源管理法规可以推动科技创新和技术进步，以提高资源利用的效率和可持续性。法规可以激励企业在资源利用中采取更为环保、节约型的技术，促进资源的高效利用，减少对资源的依赖，实现经济的可持续发展。

2.公共资源分配原则

公共资源分配原则是资源管理法规中的核心原则之一，其目标在于确保资源的公平、公正分配，避免资源偏向特定群体，从而维护整个社会的共同利益。这一原则的贯彻旨在通过法规的制定和执行，确保公共资源的开发和利用遵循透明、公正的程序，以预防资源被个别人或群体垄断，从而保障整个社会的共同利益和可持续发展。

第一，公共资源分配原则强调透明度。法规可以规定资源分配过程需要公开、透明，确保所有相关信息对社会公众都是可获得的。透明的资源分配程序有助于监督资源管理者的行为，防止不正当手段导致资源的不公平分配。透明度也为社会各方提供了参与和监督的机会，确保资源的开发和利用符合公共利益。

第二，公共资源分配原则注重公正性。法规可以规定在资源分配过程中，各方享有平等的权利和机会。这包括确保资源分配的程序不受特殊利益群体的影响，避免资源被少数人或特定群体垄断。公正的资源分配原则有助于减少社会中的不平等现象,确保每个人都有平等的机会参与资源的利用。

第三,公共资源分配原则关注社会效益。法规可以规定资源的分配需考虑整体社会效益,而非仅仅满足狭隘个体或特定群体的利益。这可以通过制定资源评估指标、分析社会成本和效益等方式实现,以确保资源的分配符合社会的整体利益和长期发展需求。

第四,公共资源分配原则还强调可持续性。法规可以规定资源的开发和利用应当考虑资源的可持续性,以确保资源的使用不超过其自然再生的能力。这一原则有助于防止资源过度开发、损害生态系统,保护自然环境,维护社会的可持续发展。

第五,在公共资源分配原则的指导下,法规可以设立相关的制度和机制,如资源开发审批制度、资源利用权的拍卖和招标制度等,以确保资源的公正分配。这些机制将透明度、公正性、社会效益和可持续性融入资源管理的方方面面,为社会提供了有力的法律保障,推动了资源的合理利用和社会的可持续发展。

二、企业社会责任法规

(一)企业社会责任法规的背景与概述

企业社会责任法规是对企业在经济活动中应对社会和环境因素负责的法律要求的总称。这些法规规范了企业的社会责任,包括社区参与、环境保护、员工权益等方面。

企业社会责任法规的制定反映了社会对企业更为全面责任的期望。在经济全球化和信息透明的时代,企业的行为不仅受到市场和股东的监督,还需考虑到社会的期望。企业社会责任法规旨在通过法律手段明确企业在社会中的责任,推动其更加积极地参与社会事务,关心员工福祉,降低对环境的负面影响,从而在经济发展的同时实现对社会和环境的积极贡献。

1. 社区参与

社区参与是法规中对企业社会责任的一项重要规范。法规通过明确企业在社区参与方面的义务,强调企业在经营过程中应积极与当地社区建立良好的合作关系,以支持社区的发展,并通过回馈社会实现可持续的企业经营。这一规范旨在促使企业更全面地考虑社会和环境因素,迈向更为可持续的商业模式。

第一,法规要求企业在社区参与中建立良好的合作关系。这包括与当地社区居民、组织、政府等各方建立密切的合作关系,了解社区的需求和期望。企业在制定经营策略和计划时应考虑社区的意见和建议,以确保其经营活动与社区的利益相一致。这种合作关系的建立有助于企业更好地融入社区,形成互利共赢的局面。

第二,法规规范企业在社区发展方面的责任。企业被要求通过投资和支持社区项目、基础设施建设、教育、健康等方面的活动,为社区的发展作出积极贡献。这不仅有助于提升社区的整体素质和居民的生活水平,同时也为企业树立了良好的企业形象,增强了企业的社会责任感。

第三，法规鼓励企业通过回馈社会实现社区参与的目标。这可以包括设立慈善基金、捐赠社会公益项目、提供就业机会等方式。通过这些积极的回馈举措，企业不仅可以履行其社会责任，还能建立起与社区居民和其他利益相关者的紧密联系，促进社区的可持续发展。

第四，法规在社区参与方面注重企业的透明度和责任追究。企业应当及时向社区公开相关信息，包括经济活动的影响、社区回馈计划的执行情况等。同时，法规规定了一定的责任追究机制，以确保企业遵守社区参与的相关规定，倡导企业诚实守信、言行一致。

2. 环境保护

企业社会责任法规在环境保护方面的规范是确保企业在经济活动中对环境产生最小负面影响的关键一环。这一法规涵盖了一系列措施，旨在引导企业减少排放、提高资源利用效率、降低对生态环境的破坏，以实现可持续的企业经营。

第一，法规鼓励企业采取减排措施。这包括规定企业在生产过程中需要使用清洁生产技术，以减少有害物质的排放。法规还可以设定排放标准和限额，确保企业在排放污染物方面符合环保要求。此外，法规也可以规定企业实施废弃物处理和回收利用，最大限度地减少对环境的不良影响。

第二，法规强调提高资源利用效率。为了减少对自然资源的过度开采和浪费，法规可以规定企业在生产过程中采用资源节约型技术，推动循环经济的发展。法规还可以鼓励企业进行绿色设计和绿色制造，以减少产品整个生命周期内对资源的依赖和消耗。

第三，法规关注企业对生态环境的破坏。这包括对自然生态系统的影响、对生物多样性的保护等方面。法规可以规定企业在选择生产和开发地点时需要考虑对当地生态环境的保护，避免对原有生态系统的破坏。此外，法规还可以鼓励企业进行生态修复和保护区建设，以弥补因经济活动导致的生态破坏。

第四，法规可以设定相应的环境奖惩机制，激励企业履行环境责任。通过给予符合环保要求的企业税收优惠、贷款支持等奖励，以及对违反环保法规的企业进行罚款、停产整顿等处罚，法规能强化对企业环保行为的引导和监管，使企业更加自觉地履行环境责任。

3. 员工权益

员工权益在企业社会责任法规中占据着重要的地位，这一规范旨在确保企业对员工的关照和保护，以创造一个公正、安全、和谐的工作环境。法规明确定义了企业对员工权益的责任范围，涵盖了多个方面，包括但不限于提供安全的工作环境、合理的薪酬待遇、福利保障等。

第一，法规关注员工的工作环境安全。企业被要求制定并执行相关的职业安全与健康管理制度，确保员工在工作中不受到不必要的危害和伤害。法规可以规定企业必须提供必要的劳动防护设备、进行安全培训，并建立事故应急预案。通过这些措施，法规旨在最大限度地减少工作场所事故的发生，保障员工的生命安全和身体健康。

第二，法规规范了员工的薪酬待遇。企业被要求提供合理、公正的薪酬，确保员工的劳动得到应有的回报。法规可以规定最低工资标准、加班工资、福利待遇等，以保障员工的基本经济权益。此外，法规也可以规定企业建立绩效评估机制，通过公正的绩效考核，激励员工的积极工作表现。

第三，福利保障是企业社会责任法规中一个重要方面。法规规定企业为员工提供全面的福利待遇，包括但不限于社会保险、医疗保障、住房补贴等。这有助于提升员工的生活质量，增强员工对企业的归属感和忠诚度，同时也是企业对员工责任的具体体现。

第四，法规规定了企业建立员工参与决策的机制，鼓励员工表达意见和建议，确保员工在企业管理中具有一定的参与权。这有助于提升员工的工作积极性和满意度，促进企业的稳定发展。

（二）企业社会责任法规的执行与实施

1. 策略与计划

企业社会责任法规的有效执行离不开明确的策略与计划。企业在履行社会责任时，应明确具体的方向和目标，并制定切实可行的实施计划，以确保在各方面都能达到法规规定的要求。

首先，企业应明确社会责任的具体方向。这包括但不限于员工权益、环境保护、社区发展、公共利益等多个方面。通过明确方向，企业能更有针对性地制定相应的计划，以确保其社会责任的全面履行。

其次，企业需要设定明确的社会责任目标。这些目标应该是可衡量、可达成的，能反映企业在社会责任履行中所追求的具体效果。例如，在员工权益方面，目标可以包括降低事故发生率、提高员工满意度等。在环境保护方面，目标可以包括减少碳排放、提高资源利用效率等。

再次，企业需要制定详细的实施计划。这一计划应该包括各种具体的措施和步骤，以确保企业在实现社会责任目标的过程中不偏离法规的规定。例如，在员工权益方面，实施计划可以包括定期的安全培训、建立薪酬评估体系、设立员工投诉渠道等。在环境保护方面，实施计划可以包括减排技术的引入、资源回收利用系统的建设等。

最后，企业需要与利益相关方进行沟通与合作。这包括员工、客户、投资者、社区等各方面的关系。通过透明的沟通，企业能更好地理解各方的期望和需求，树立良好的企业形象，提高社会责任履行的可信度。

2. 内外部监管

企业社会责任法规的有效执行必须建立内外部的监管机制，以确保企业能切实履行社会责任。内部监管包括企业内部建立的监察和评估机制，旨在自我监督和确保社会责任的全面履行。外部监管则牵涉到政府监管、独立第三方评估等机制，以保障企业的社会责任得到客观、公正的评估。

在内部监管方面，企业应该建立有效的内部控制体系，包括但不限于设立社会责任部门或委员会、制定明确的社会责任政策和流程。企业内部监察团队可以通过定期的审核、评估，监督企业社会责任的执行情况。这些内部机制有助于发现问题、提出改进建议，并确保企业在社会责任履行过程中始终保持高标准和合规性。

外部监管主要通过政府机构和独立第三方进行。政府在社会责任方面扮演着监管和监察的角色，通过相关法规和政策对企业的社会责任履行进行规范和监督。政府可以设立专门的监管机构，负责社会责任的检查和评估，对不符合规定的企业采取相应的法律手段进行处罚或制裁。

3. 公共报告与透明度

企业在履行社会责任方面，应当定期发布社会责任公共报告，向社会公众、股东等各方公开企业的社会责任执行情况。透明度是企业社会责任的重要体现，公共报告能增加企业对外的信任度，也促使企业更加自觉地履行社会责任。

社会责任公共报告是企业对外沟通的一种重要方式，通过报告企业在环境、社会和治理方面的表现，向各利益相关方传递信息。这种报告通常包括企业的社会责任目标、执行计划、实际执行情况、取得的成绩和存在的问题等内容。通过公共报告，企业能在透明度和公开度上展示良好的企业形象，提升在社会中的声誉。

透明度在企业社会责任中扮演着关键的角色。通过向外界公开企业的社会责任实践，企业展现了对各利益相关方负责的态度。这种透明度不仅是企业社会责任履行的一种要求，也是企业与社会建立信任关系的基础。社会各界对企业的关注不仅局限于其经济业绩，更关心企业在社会责任方面的表现，公共报告为企业提供了一个展示其社会责任履行情况的平台。

公共报告的内容需要细致全面，包括但不限于企业社会责任的战略、目标和实际执行情况、关键绩效指标、与利益相关方的沟通和合作情况等。这些信息的透明度有助于社会了解企业在社会责任履行中的真实状况，也能推动企业进行更为全面和深入的社会责任实践。

透明度和公共报告的重要性在于它们有助于企业建立长期稳定的合作关系。社会各界对企业的评价不再仅仅局限于短期经济利益，而是更加注重企业的社会责任履行。透过公共报告，企业向外界传递出对社会的关切和责任，有助于赢得股东、客户、员工等各方的信任。

（三）公共利益法规与企业社会责任的关联

1. 协同效应

公共利益法规与企业社会责任在实践中呈现协同效应，通过法规的规范和企业的自觉承担，推动企业更好地履行社会责任，实现社会的可持续发展。

公共利益法规通过法律手段对企业行为进行规范，旨在平衡私人权益与公共利益，确保资源的合理分配和可持续利用。这些法规涉及广泛，包括资源管理、国土规划等方面，通过设立审批机制等方式，引导企业在经济活动中更好地考虑社会整体利益。公共利益法规的出台是对社会资源有限性和私人活动可能对整体社会带来负面影响认识的产物。

企业社会责任是企业自觉承担的一种社会责任，包括在经济活动中考虑社会和环境因素，通过社会投资、环境保护、员工权益等方面的实践，为社会做出积极贡献。企业社会责任不仅是法规的要求，更是企业在经济活动中应有的自觉担当，通过自身行为为社会创造价值。

在实践中，公共利益法规与企业社会责任形成协同效应的原因主要体现在以下几个方面。

第一，公共利益法规为企业提供了明确的指引。法规的设立使企业在经济活动中有了更加明确的行为准则，规范了其行为边界。企业在遵循法规的基础上，通过制定和执行企业社会责任计划，可以更好地履行社会责任，不仅满足法规的要求，而且超越了法规的底线，为社会创造更多的价值。

第二，企业社会责任的实践弥补了法规的不足。法规往往是基础性的最低标准，而企业社会责任可以更加全面地考虑社会、环境和利益相关方的需求。企业社会责任的实践往往能超越法规的要求，通过创新性的做法为社会创造更多的积极影响，弥补法规在面对复杂多变的社会问题时的不足。

第三，企业社会责任的实践有助于提升企业的竞争力。在当今社会，企业社会责任已经成为企业可持续经营的重要因素之一。企业通过积极履行社会责任，建立起与社会、顾客、员工的良好关系，提升企业的声誉和形象。这种正面形象不仅有助于企业品牌的塑造，也能使企业在市场竞争中脱颖而出。

第四，公共利益法规与企业社会责任的协同效应对社会的可持续发展具有积极推动作用。法规通过制定基本准则来引导企业行为，而企业社会责任的实践则能在法规框架内进一步创造社会价值。二者的协同推动有助于实现社会经济的绿色、可持续发展，促进整个社会朝着更加公正、均衡的方向发展。

2. 目标一致性

公共利益法规和企业社会责任具有目标一致性，都是为了维护社会的整体利益，通过不同的途径共同促进社会的发展。

公共利益法规作为一系列法律准则的集合，其核心目标在于通过法定规范来确保社会的公正、资源的合理分配等。这类法规涵盖广泛的领域，包括资源管理、国土规划等，其出台的初衷是为了平衡私人权益与公共利益，维护整个社会的可持续发展。公共利益法规通过设立审批机制等方式引导个体和企业在资源利用、土地开发等方面的行为，确保其不损害社会整体利益，达到维护公共利益的目标。

企业社会责任是企业自觉承担的一种社会责任，其目标在于通过积极的社会投资、环境保护、员工权益等方面的实践，为社会创造积极的影响，为实现社会的可持续发展贡献力量。企业社会责任超越了法规的底线，是企业在经济活动中自愿承担的一种社会责任，通过具体的实践来促进社会的经济、环境等方面的进步。

这两者的目标一致性主要表现在以下几个方面。

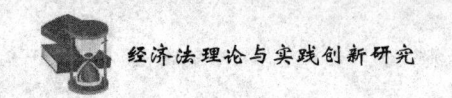

首先，都强调社会整体利益的维护。公共利益法规通过法定规范来维护整个社会的公正和资源的合理分配，而企业社会责任则是企业在经济活动中自觉承担的一种社会责任，其目标也是为了社会整体的可持续发展。

其次，都追求可持续发展。公共利益法规通过法律手段来引导个体和企业的行为，以实现资源的可持续利用和社会的可持续发展，而企业社会责任则通过积极的社会投资和环境保护等实践来为社会的可持续发展做出贡献。

最后，都关注社会公正。公共利益法规通过制定法律准则来维护社会的公正，确保资源的公平分配，而企业社会责任则通过关注员工权益、支持社区发展等实践来维护社会的公正。

3.共同挑战

公共利益法规和企业社会责任在推动社会可持续发展的过程中共同面临着一系列挑战。其中，如何平衡私人权益与公共利益以及在资源分配和环境保护方面如何取得平衡等问题成为需要克服的难题。这些共同挑战要求法规和企业在实践中相互配合，共同应对社会发展中的各种难题。

一方面，平衡私人权益与公共利益是公共利益法规和企业社会责任共同面临的一项关键挑战。公共利益法规的核心理念在于通过法定规范来确保社会的公正、资源的合理分配等，但在实际执行过程中，如何平衡私人企业的合法权益与社会整体的利益仍然是一个复杂而敏感的问题。企业社会责任作为企业自觉承担的一种社会责任，也需要在追求经济效益的同时，积极履行社会责任，这就要求企业在制定战略和决策时综合考虑私人和公共利益之间的平衡。

另一方面，资源分配和环境保护方面的平衡也是一个亟须解决的共同挑战。公共利益法规通过规范资源的采掘、利用、开发等活动来保护整个社会的资源，但在实际操作中，往往需要在资源的有效利用和环境的可持续保护之间寻求平衡。企业社会责任要求企业在经济活动中减少对环境的负面影响，提高资源利用效率，但在实践中，企业可能面临着经济效益与环境保护之间的矛盾。因此，如何在资源开发中实现经济效益的同时保护环境，是一个需要法规和企业共同努力的难题。

第四节 经济法在可持续发展中的作用

经济法在可持续发展中扮演关键角色，通过设定规则和标准引导经济主体的行为，对生产、消费、投资等方面进行约束，以促进经济活动朝着可持续的方向发展。

一、生产方面的经济法规

（一）生产过程中的环境保护法规

1.废物排放标准的设定与执行

在可持续发展法规的框架下，经济法规通过对废物排放标准的设定与执行，旨在明确定义和规范企业废物排放，确保其符合严格的环保要求，以降低对环境造成的不良影响。这一法规通过对废物排放的详细规定，包括废物种类、排放量、处理方式等方面的具体要求，实现了对企业在生产过程中产生的废物的全面监管。

首先，废物排放标准的设定是经济法规中的首要任务。这涉及对不同类型废物的排放标准的科学设定，以确保废物的处理符合环境友好的原则。例如，对于有毒废物的排放标准可能涉及其化学成分、浓度等方面的限制，而对于固体废物则可能要求采用特定的处理技术，如焚烧或填埋。这些标准的设定需要充分考虑废物对生态系统和人类健康的潜在影响，以确保标准的科学性和实用性。

其次，经济法规的执行对于确保废物排放标准的有效遵守至关重要。法规的执行机构需要建立有效的监测机制，定期对企业的废物排放情况进行检查和核实。这包括对废物排放量、处理过程的合规性进行实地检测，以确保企业的废物排放符合法规要求。监测机制不仅要求对企业的定期检查，还需要建立举报机制，鼓励社会各界参与废物排放标准的监督，以形成多方合力，保障法规执行的全面性和公正性。

最后，废物排放标准的设定与执行还需考虑不同产业和企业规模的差异。法规应该根据企业的性质和规模制定差异化的标准，以确保对各类企业的监管既科学又合理。例如，对于大型工业企业和小型生产企业可能需要采取不同的废物排放标准，以满足其生产规模和资源能力的差异，从而实现法规的灵活性与可操作性。

2. 化学物质使用管理法规

在可持续发展的法规框架下，经济法规通过管理和规范化学物质的使用，致力于保护环境和维护公共健康。这一法规涵盖多个层面，其中之一是对危险化学品的限制与规定。法规需要对危险性较高的化学物质设定明确的限制，以防止其过度使用导致环境污染和公共健康问题。这可能包括限制特定化学物质在生产过程中的使用量、浓度，甚至禁止使用某些对环境和人体有潜在危害的化学品。

除了对危险化学品的管理，经济法规还应规范禁止使用一些有害物质的具体措施。这可以包括对特定有毒、有害的化学物质的禁用，以降低其在生产活动中的应用，减缓其对环境和人体的潜在危害。这种法规的制定需要充分考虑有害物质的替代方案，以确保产业的可持续性和环保性。

另外，还应建立严格的化学品安全评估制度。这一制度旨在确保企业在使用化学物质时进行充分的风险评估，包括对环境的潜在影响以及对工作人员和公众的安全风险。法规可以要求企业提交详细的化学品安全评估报告，其中涵盖使用的化学物质种类、用量，生产过程中可能产生的排放和废弃物等信息。这不仅有助于监管机构更好地了解企业的化学品使用情况，也促使企业更加谨慎地选择和使用化学物质，以确保其可持续性和安全性。

3. 水资源利用管理法规

在追求可持续发展的法规框架下，经济法规扮演着至关重要的角色，通过设定水资源利用的管理标准，以确保水资源的合理利用和保护。这一法规方向主要涵盖了对水的抽取、排放、回收等方面的详细规定，旨在有效降低企业对水资源的过度消耗，推动水资源利用朝着更加可持续的方向发展。

首先，法规应该设定水资源的管理标准，包括对水抽取的数量、频率，以及对水排放的质量等方面的规定。这可以确保企业在生产过程中对水资源的利用符合环保和可持续性原则。例如，法规可以规定企业在抽取地下水或表面水时需获得合法许可，并设置具体的用水配额，以防止水资源的过度开采。对于水排放，法规可以规定排放水的质量标准，以确保企业排放的水不会对周边水体造成污染。

其次，法规应该鼓励企业采用循环利用水资源的技术。这可能包括对水资源回收和再利用的具体规定，以促使企业在生产过程中最大限度地减少对新鲜水的需求。法规可以推动企业实施水资源的内部循环，如通过回收工业废水用于生产，从而减轻对自然水源的依赖。此外，法规还可以提供激励措施，如减免水资源费用或税收优惠，以鼓励企业采取更环保的水资源管理措施。

（二）产品生态设计要求与技术鼓励

1. 产品生态设计要求的细化

在可持续发展的法规框架下，经济法规通过产品生态设计要求的细化，以明确不同行业和产品类别在设计阶段应遵循的生态设计标准。这一法规主要包括对产品的材料选择、可回收性、能源效率等方面，旨在引导企业在产品设计阶段全面考虑可持续性因素，从而降低产品对环境的影响。

首先，法规可明确对产品的材料选择进行规范。这包括限制或禁止使用对环境和人体有害的材料，如有毒化学物质或难降解的塑料。法规可以鼓励企业选择环保友好、可再生的材料。通过对材料选择的规范，法规能引导企业朝着更环保的产品方向进行设计和生产。

其次，法规可以规定产品在设计阶段应具备高度可回收性。这可能包括设计产品的构造使得其易于拆解和回收，减少资源浪费。法规还可以规定对于一些特定类型的产品，如电子设备、汽车等，企业需设定回收计划，确保废弃产品得到合理的处理和再利用。通过这种规定，法规能推动企业将产品的生命周期纳入可持续管理范畴，减少废弃物对环境的不良影响。

最后，法规应重点关注产品的能源效率。法规可以规定产品在使用阶段应具备高效节能的特性，鼓励企业采用先进的技术和设计理念，以减少产品对能源的依赖。此外，法规还可以设定能源效率测试和认证制度，确保产品在市场上的能源性能符合法规的标准。这一方面的法规要求有助于推动企业朝着更具可持续性的产品设计方向发展，提高产品在使用阶段的资源利用效率。

2. 税收减免与奖励机制的设计

为促进环保技术的广泛应用，经济法规可以通过税收减免政策和奖励机制，鼓励企业采用更环保、资源节约的生产技术。这样的经济激励措施可以在市场层面上引导企业更积极地投入环保领域，以推动整体产业实现更高水平的可持续发展。

首先，税收减免政策是其中的一项重要措施。法规可以设定对使用环保技术的企业给予一定比例的税收减免，以降低其生产成本。这可以包括对购买环保设备的企业提供折扣、对环保研发投入进行税收优惠等方面的政策。通过降低环保投入的成本，税收减免政策鼓励企业更加积极地采用环保技术，推动生产过程向更可持续的方向发展。

其次，奖励机制是另一重要的激励手段。法规可以设立专项奖励基金，以资助那些在环保技术领域取得显著进展的企业。这包括对开发出创新环保技术的企业进行奖励，或者对成功推广应用环保技术的企业给予额外的激励。通过奖励机制，法规能有效激发企业在环保创新和技术应用方面的积极性，推动产业迈向更加环保和可持续的生产方式。

这些经济激励措施的设计需要细致考虑，确保其目标明确、操作简便。税收减免政策的执行需要建立完善的核查机制，以确保企业符合相关环保技术的标准，并且真正实施了相应的环保措施。而奖励机制的设立需要明确评选标准和奖励规则，以确保奖励的公正性和公正分配。

二、消费方面的经济法规

（一）产品质量标准与绿色标签法规

1. 产品质量标准的明确规定

为确保市场上的产品符合一定的质量要求，经济法规通过制定明确的产品质量标准，涵盖产品的物理性能、化学成分、安全性等多个方面，以保障消费者能购买到高质量、安全的产品。这一法规的设定需要经过科学论证和实际验证，以确保标准的合理性和可行性。

首先，产品质量标准的明确规定涉及产品的物理性能。这可能包括产品的耐久性、强度、稳定性等方面，以确保产品在正常使用条件下具有足够的耐用性和性能稳定性。通过对产品物理性能的明确规范，法规可以引导企业在生产过程中更加注重产品的质量和使用寿命，为消费者提供更可靠的选择。

其次，产品质量标准需要涵盖产品的化学成分。这包括对产品原材料的成分和使用限制的规定，以避免使用有害物质对消费者和环境造成危害。例如，在食品、化妆品等领域，法规可能规定禁止或限制某些化学成分的使用，并规定对于某些特定类型的产品需要进行化学成分的严格测试。这样的规定有助于保障产品的安全性，防范潜在的健康风险。

再次，安全性是产品质量标准中的重要方面。法规可以规定产品在设计、制造和使用过程中需要满足一定的安全标准，确保产品在正常使用条件下不会对消费者造成伤害。安全性的评估可能涉及产品的结构设计、使用说明、预防措施等方面的具体规定，以减少意外事件的发生，保护消费者的安全。

最后，产品质量标准的设定需要经过科学论证和实际验证。这可能包括对产品性能测试方法的研究、产品安全性评估的实验验证等。法规制定机构需要与行业专家、科研机构等密切合作，通过科学的方法制定合理的标准。此外，标准的更新和修订也需要根据科技进步和市场需求及时进行调整，以确保标准的适应性和有效性。

2.绿色标签的制度建设

为引导市场向可持续发展方向转变，经济法规可以建立绿色标签制度。这一制度的设立旨在为消费者提供清晰的环保信息，涵盖产品的环保性能、可持续生产方式、原材料来源等多个方面。通过明确的绿色标签，消费者能迅速识别出环保产品，从而在购物时选择对环境友好的商品，促使企业积极提升产品的环保水平。

第一，绿色标签制度需要涵盖全面的环保信息。法规可以规定标签内容包括产品的碳足迹、水足迹、使用可再生能源的比例等方面的具体数据。通过这些数据，绿色标签能为消费者提供产品生命周期内的环保信息，使消费者更全面地了解产品对环境的影响。这不仅有助于消费者做出更环保的购买决策，也促使企业在生产过程中更加关注环保问题。

第二，绿色标签制度需要考虑可持续生产方式的评估。法规可以规定标签上需要注明产品是否采用了绿色生产技术、是否实施了循环经济模式等方面的信息。这样的规定有助于消费者辨别企业是否致力于可持续发展，推动企业在生产方式上更加注重资源的合理利用、关注废弃物的处理等环保问题。

第三，绿色标签制度应明确标签所涵盖的产品范围。法规可以规定哪些产品必须携带绿色标签，如与能源、交通、食品、纺织等直接相关的领域。这样的规定有助于确保绿色标签的准确性和可比性，使其更具实际指导意义。此外，标签的设计也需要考虑用户友好性，以确保消费者能直观理解标签上的环保信息。

第四，标签的制度建设还需考虑标签的认证机构和审核程序。法规可以设立专门的绿色认证机构，负责对产品的环保性能进行评估，并核发绿色标签。这种认证机构需要具备科学评估能力和独立性，以确保标签的权威性和可信度。同时，审核程序需要透明公正，以防止虚假标签的出现，保障消费者的权益。

3.标准与标签的更新与调整机制

为保持法规的时效性，经济法规需要建立标准与标签的更新与调整机制。

第一，质量标准的不断更新是保持法规时效性的重要基础。经济法规可以规定由专门的标准制定机构负责监测相关行业科技进步和环保要求的变化，随时对质量标准进行修订和更新。这个机构需要与行业专家、科研机构等密切合作，及时获取新的科研成果和环保技术进展，确保标准的科学性和实用性。

第二，标签制度的调整也是法规需要考虑的方面。随着科技和环保认知的不断发展，标签上的信息可能需要不断调整以反映最新的环保标准。法规可以规定相关认证机构负责监测市场和技术的发展，定期对标签制度进行评估，并提出调整建议。这个过程需要透明公正，以保障标签的真实性和权威性。

第三，法规还应设定机制来灵活应对市场和环保技术的变化。这可能包括设定阶段性的目标，鼓励企业采用更先进的环保技术，并设定相应的奖励或激励机制。这样的机制有助于推动市场不断朝着更绿色、更可持续的方向发展，引导企业持续改进生产方式，以适应环保需求的提高。

第四，法规还需确立一个有效的反馈机制。这可能包括从市场、企业和公众等多方面收集反馈信息，以及定期组织专业的评估和研究。通过这一机制，法规可以及时了解标准和标签在实际应用中的效果，发现问题并进行及时调整，保持法规的灵活性和适应性。

（二）消费者权益保护法规

1.虚假宣传的明确规制

为防范虚假宣传，经济法规需要明确规定各类产品在宣传和广告中的表述标准。这一规定的目的在于保护消费者免受误导，确保宣传信息真实、准确，使消费者能准确了解产品的性能和环保特性。法规的制定需要综合考虑各类产品的特殊性质，确保它们在市场上以真实、客观的方式呈现。

第一，法规可以规定环保产品在宣传中必须真实反映其环保性能。对于声称具有环保特性的产品，法规可以明确规定需要提供相关证明或测试报告，确保这些声称是基于可验证的科学数据。例如，一种电子产品宣称具有低能耗特性，可以要求生产商提供相应的能效测试数据，以证明该产品在使用过程中的确能减少能源消耗。这样的规定有助于防止环保产品虚假宣传，维护市场的公正竞争环境。

第二，法规可以规定产品功能的宣传必须符合实际效果。一种产品宣称具有某种特定的环保功能，可以要求生产商提供充分的证据，证明该功能的实际效果。例如，某种清洁产品声称具有高效降解污染物的功能，可以要求生产商需提供相关实验室测试报告，证明该产品在真实环境中的降解效果。这样的规定有助于减少产品宣传中夸大或夸张的情况，确保消费者对产品功能有准确的认知。

第三，法规可以规定广告宣传中的语言和表述必须清晰明了，避免使用模糊、误导性的词汇。例如，一种汽车宣传中使用"零排放"这样的词语，可以要求该汽车在使用过程中确实不产生尾气排放，以防止虚假宣传。这样的规定有助于提高广告的透明度，防范企业在宣传中使用不准确或误导性的语言。

第四，法规还可以规定一定的惩罚机制，以应对虚假宣传行为。这可能包括罚款、撤销广告许可证等措施，以强化对违规行为的惩戒效应。同时，法规可以鼓励公众和竞争对手积极监督市场，通过投诉机制等途径举报虚假宣传行为，促使企业自觉遵守规定。

2.不合理定价行为的监管机制

为维护公平竞争环境，经济法规在防范不合理定价行为方面可以制定一系列监管机制。这些机制旨在确保市场价格合理、公正，并保障消费者的权益。法规的执行需要建立完善的监管体系，以确保不合理定价行为得到及时纠正，维护市场的公平竞争。

第一，法规可以设定对价格垄断的明确规定。价格垄断是指某一企业或一组企业在市场上占据主导地位，通过操纵价格获取不正当的竞争优势。经济法规可以设定市场份额、市场集中度等指标，以确定企业是否存在价格垄断行为。对于被认定为价格垄断的企业，法规可以规定相应的处罚措施，如罚款、责令改正等，以维护市场的竞争公平性。

第二，法规可以规定价格欺诈的监管机制。价格欺诈是指企业通过虚假宣传、误导性信息等手段，使消费者对产品的价格产生误解，导致消费者做出不理性的购买决策。经济法规可以规定对于价格欺诈行为的严格处罚，同时要求企业在宣传中提供真实、明确的价格信息。监管机构可以通过对广告、宣传材料等的审查，及时发现并处理价格欺诈行为，确保市场价格信息的透明度和真实性。

第三，法规可以设定反垄断法规，明确禁止垄断企业滥用市场支配地位进行不合理定价。这包括价格歧视、垄断定价等行为，旨在防止企业通过滥用市场支配地位牟取暴利。对于这类行为，法规可以规定相应的罚款、追究法律责任等措施，以遏制不合理定价的滥用行为。

第四，法规还可以规定建立监管机构，负责对市场价格进行定期监测和分析。这样的机构可以通过数据收集、市场调查等手段，及时发现价格异常波动、不合理定价等问题。监管机构还可以设定价格指数、市场标准等指标，帮助评估市场价格的合理性，为法规的执行提供科学依据。

第五，法规可以规定建立投诉和举报机制，鼓励消费者和竞争对手积极参与监管。通过建立透明、高效的投诉渠道，消费者和竞争对手能向监管机构报告不合理定价的行为。法规可以规定对于举报者的保护措施，以形成多方监督，维护市场的公平竞争环境。

3.产品质量纠纷解决机制的建立

为有效维护消费者权益，经济法规需要在产品质量纠纷解决方面建立健全的机制。这一机制的目标是确保消费者在遇到产品质量问题时，能够便捷、有效地维权，同时平衡企业和消费者的利益，促使企业提供更高质量、更可持续的产品和服务。

第一，法规可以规定明确的产品退换货政策。在产品质量存在问题时，消费者有权要求退换货，并且法规可以规定一定的期限和条件，以确保消费者能够在合理的时间内获得有效解决。退换货政策的设定可以鼓励企业更加关注产品质量，避免不合格产品流入市场，同时增强了消费者的信心。

第二，法规可以规定质量赔偿的具体细则。在产品质量引发纠纷时，消费者有权获得一定的赔偿，这可以包括修理、替换、退款等方式。法规需要设定合理的赔偿标准，并明确消费者可以通过何种途径提出赔偿要求，以保障消费者权益。这有助于强化企业对产品质量的责任心，提高产品质量。

第三，法规可以建立专门的仲裁机构或消费者权益保护组织，负责处理产品质量纠纷。这些机构可以提供独立、公正的仲裁服务，通过协商、调解等方式解决纠纷，减轻司法压力，提高解决效率。法规还可以规定企业应当配合仲裁机构的调查，确保解决机制的顺利运作。

第四，法规可以鼓励建立消费者组织，以增强消费者的集体维权能力。通过消费者组织，消费者可以集体提出诉求，推动企业提高产品质量，形成市场监督的合力。法规可以设定支持和鼓励消费者组织的相关政策，为其提供必要的资源和权益保障。

其五，法规还可以规定企业建立健全的内部质量管理体系，提高产品质量的自检与自律能力。这包括规定企业建立质量管理岗位、实施定期的质量检测和评估，以确保产品在生产过程中符合相应标准。法规还可以规定企业应当建立客户服务体系，提供及时有效的售后服务，为消费者解决产品质量问题提供渠道。

第六章 案例分析与展望

第一节 经济法教学与案例分析法

一、案例分析法在经济法教学中的特点及作用

在经济法教学中,通过案例分析不仅可以帮助学生加深对知识点的理解、方便记忆,而且可以锻炼学生的实践能力和分析能力。

(一)案例教学的实操性让学生身临其境

1. 选择合适的案例

在经济法教学中,案例教学的实操性是其独特的特点之一。教师应当通过多元化的渠道,如法制栏目、报纸期刊、法制书籍、影视剧情等,精选合适的案例。这些案例需要去除特有名称,突出与课程知识相贴合的事例。只有这样,学生才能更好地站在案例主人公或法官的角度分析案件,体验案例中的法律应用,从而提高实战能力。

2. 实战性对学生未来从业的促进作用

学习经济法的学生未来大多数会从事法律相关工作。通过实际案例的分析,学生能提前感受工作氛围,了解法律应对实际问题的方式,积累相关经验。这为学生未来的职业发展提供了实质性的帮助,使他们在工作中能更加游刃有余地应对各种法律挑战。

(二)案例教学的时效性让学生紧跟时代步伐

经济法具有一定的实践性和时效性,随着我国经济体制的深入改革,法律也在不断发展和修改。为了保证案例教学的时效性,教师需要具备敏锐的反应判断能力,及时更新案例。应该选择近年发生的案例,避免使用陈旧的、有争议的案例,使学生能结合最新的法律法规展开分析和学习,从而紧跟时代步伐。

(三)案例教学的针对性让学生深入领悟

1. 符合教学大纲和教材知识范围

在案例选择上,教师需要具备一定的针对性。这体现在案例必须符合教学大纲和教材知识范围,确保学生在案例学习中不偏离主线,达到深入领悟经济法的目的。

2. 灵活运用案例教学法

教师在教学中应该让案例教学法发挥其特有的作用，帮助学生提高分析问题和解决问题的能力。这需要根据学生的知识储备和学习能力，灵活选择和运用案例，使案例对学生的学科素养产生深远影响。

（四）案例教学的多元性培养学生综合能力

1. 多元化的案例形式

案例教学的案例模式、分析逻辑、结论呈现等都具有多元化的特征。教师可以根据不同的课堂需求呈现不同形式的案例，甚至有些案例不需要得出最后结论，只注重学生的分析能力和逻辑思维的训练。

2. 综合能力培养

通过设置一定的情境，赋予学生不同的角色，让学生站在不同的角度分析问题，案例教学培养了学生的语言表达能力、临场发挥能力等综合能力。这为学生在未来步入职场提供了更为全面的素养，使学生更具竞争力。

二、案例分析法在经济法教学中的应用

（一）选择的案例要与教学内容紧密结合

1. 案例教学法的优势

（1）适合学生的学习方式

通过案例的深入分析，学生能更好地理解相对复杂的法律知识，并且这种实践性的学习方式有助于学生加深对知识点的记忆。因此，教师在案例选择时应避免灌输式教学，而是积极引入与教学关相关的案例，以引导学生主动运用所学知识进行案例分析，从而提升学习效果。

（2）引导学生主动分析案例

以劳动法律制度为例，教师教学需要包含劳动合同的订立和效力、合同的履行和担保、劳动争议的处理、劳动合同的终止等方面。这些内容相对繁杂，难以引发学生的兴趣。在此情境下，教师可以选择与学生未来工作生活相关的案例，如员工社保问题、工伤认定、公司违约处理等。通过这些案例，学生能更直观地理解法律知识，并在解决实际问题的过程中形成正确的法律观念。

2. 案例教学的实际运用

（1）以会计工作为例

许多学习经济法的学生将来可能从事会计相关工作。在教学中，教师可以引用会计工作中常见的业务问题，帮助学生更好地理解相关法律条例。例如，在学习票据法律制度时，以会计工作为例，涉及票据涂改、伪造、丢失等问题，使学生在分析问题的同时，理解并掌握票据的签发和补救措施。这样的案例既激发了学生的学习热情，又提高了学生的专业水平，为培养学生的实际应用能力创造了有利条件。

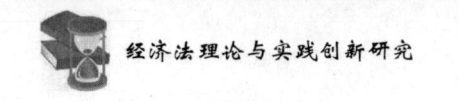

（2）自编案例的高要求

为了更好地与教学内容结合，教师还可以根据教学需求自行编制案例。这要求教师具备较高的专业技能，需要对各个知识点融会贯通。通过改编或创作案例，教师能更灵活地满足课程需求，使案例更具针对性，既引导学生深入学习，又为实际工作做好预备。

3.案例教学的实践意义

（1）培养学生的实际应用能力

选择与教学内容紧密结合的案例，不仅能提高学生的学习效率，还能培养学生在实际工作中运用法律知识的能力。学生通过案例分析，不仅可以提高理论水平，同时也增加了实际应用的经验，为将来步入职场打下坚实基础。

（2）塑造良好的学习氛围

通过实际案例的引入，能激发学生的学习热情，使学生更加主动地参与课堂讨论和案例分析。这种互动性的学习氛围有助于学生更好地理解和应用法律知识，从而形成更为积极向上的学习态度。

（二）选择的案例要与生活紧密联系

1.案例实践与经济法理论的相辅相成

（1）理论与实践的紧密结合

在经济法的学习中，理论与实践的结合至关重要。理论学习为案例实践奠定基础，而案例实践则是对基础知识的再次巩固。这两者相辅相成、互为补充，是学生全面理解经济法的关键。为了实现良好的知识迁移，教师选择的案例应贴近学生的生活。

（2）引入生活案例的重要性

以消费者权益保护法和价格法律制度为例，教师可以选择生活中常见的案例进行分析，如商家虚假宣传导致消费者购买假冒伪劣商品、网购时商家拒绝七天无理由退货、电子产品质量问题商家只修不换等。通过这些案例，学生能直观地理解法律知识，并在解决实际问题的过程中加深对相关法规的理解，巩固知识点。

2.生活案例的广泛运用

（1）"央视3·15晚会"案例分析

教师可鼓励学生回顾每年的"央视3·15晚会"，并在课堂上进行深入讨论。通过分析消费内幕、商家促销圈套、新型消费模式等案例，将与老百姓息息相关的问题纳入教学案例，有助于学生巩固基础知识，同时拓宽学生的知识面，提高学生专业素养。

（2）学生自身经历作为案例

在公司法和劳动法的学习中，学生自身经历可以成为教学案例。例如，毕业后自主创业的同学可能面临公司类型选择、法律纠纷处理等问题，这些问题与学生切身相关，能引发学生的兴趣，提高教学效率，优化教学效果。

3. 选取生活案例的注意事项
(1) 合理分类取舍

在选取案例时,要进行合理的分类取舍,坚持选用典型案例,以帮助学生理解复杂的法理。案例的分类应符合学科体系,有助于学生建立系统的法律知识结构。

(2) 符合理论

选取的案例应符合经济法的理论体系,避免强词夺理,确保案例能真实地反映法律原理,帮助学生建立正确的法律观念。

(3) 简洁明了

为避免浪费学生时间,选取的案例应保持简洁明了。案例的表达应清晰简练,有助于学生在阅读和理解案例时能关注到案例重点。

(4) 符合社会主流价值观

选择的案例应符合社会主流价值观,避免选取过于负面的案例。通过积极向上的案例,培养学生正确的法律价值观,使他们在实际工作中能更好地运用法律知识。

(三) 教学过程中合理分配案例分析时间

1. 案例分析与基础知识掌握的平衡
(1) 关注时间分配

教师必须注意课堂时间的分配。引入过多案例可能影响学生对基础知识的掌握,而过度强调基础知识则会导致学生对案例的理解不够深入。因此,良好的时间分配对于实现教学效果至关重要。

(2) 控制课堂结构

在每节课 2 小时的情况下,教师应从案例的铺垫开始,逐步进行案例的理解和解读,然后进行问题的分析和讨论,最终带领学生共同解读案例。这有助于保证课堂的生动性,防止课程结构过于紧凑,从而使学生更好地理解案例并巩固基础知识。

2. 避免过度冲淡理论知识的风险
(1) 避免过分强调案例故事情节

过多的案例可能导致学生只关注案例的情节,而对于理论知识的掌握变得不够深入。因此,教师在案例分析中应确保理论知识的融入,避免过分沉溺于案例的具体故事,保证对理论的关注。

(2) 保持主旋律:经济法理论

在教学过程中,要确保案例分析不偏离经济法教学的主旋律,即理论的传授和学生对基础知识的掌握。案例分析应作为理论知识的补充,而非主导因素,以确保学生在课程结束后仍然能回顾并掌握重要的理论内容。

3. 实施合理的案例引导策略
(1) 选择精心设计的典型案例

教师在选择案例时应注重典型性,确保案例能充分体现经济法理论,并引导学生深入思考。精心设计的案例能在较短时间内传递更多的知识点，提高学生对理论知识的理解深度。

（2）强调案例与理论的关联

在案例分析过程中，教师要不断强调案例与理论的关联，引导学生将案例中的实际问题与理论联系起来。这有助于确保学生不仅关注案例本身，而且能将所学理论知识运用到实际问题的解决中。

（四）选择案例到实践案例

1. 法院旁听体验

（1）与当地法院合作

学校可以积极与当地法院合作，将法院作为学生的第二课堂。例如，在学习《中华人民共和国民法典》时，教师可以组织学生前往法庭旁听真实案件，使学生在实践中深刻理解法律理论，特别是对合同效力、履行和担保等方面有更具体的了解。

（2）提升法律敬畏感

通过法庭旁听，学生可以亲身感受法官对案情的分析过程，体验法律的严谨和威严，从而增强对法律的敬畏感。这种实践性的学习方式将理论知识与实际案例相结合，有助于学生更全面地理解和应用所学内容。

2. 模拟法庭活动

（1）内部组织模拟法庭

学校可以组织模拟法庭活动，让学生根据教师布置的案例扮演不同角色，站在各自的角度对案件进行阐述和分析，通过法律条款维护自身权益，最终对案件进行裁决。

（2）提高案件分析思维逻辑

学生通过模拟法庭的活动，能体验案件分析的思维逻辑，更好地理解和应用理论知识。这种实际操作使学生能将抽象的法律概念具体化，提高学生解决实际问题的能力。

3. 法律兴趣小组与社会宣传

（1）学生组建法律兴趣小组

学校可鼓励学生组建法律兴趣小组，定期举办经济法相关的宣传活动。这些兴趣小组可以展示和解析最新经济法的动态，帮助学生保持对法律领域的关注，形成学习经济法的积极氛围。

（2）拓展学生社会影响力

通过兴趣小组的社会宣传活动，学生有机会提前接触社会问题，积累社会经验和专业知识。这样的实践不仅拓展了学生的社会影响力，也为学生未来的法律职业奠定了坚实的基础。

4. 学生案例收集与分享

（1）鼓励学生搜集案例

教师可以鼓励学生在课余时间搜集与经济法相关的案例。通过多样化的渠道整合素材，学生可以通过自主学习丰富案例库，提高对实际问题的敏感度。

（2）学生案例展示

在课堂上，教师可以安排时间让学生展示搜集到的案例，并进行细致分析。这不仅激发了学生的学习兴趣，还促使他们运用所学知识解决实际问题。

第二节 成功经验与教训

一、案例教学法在公司法课程教学中的应用

当前，高校开设的公司法课程多以选修课程为主，但从实用价值方面来看，公司法具有切合实际的商法学习价值。根据当前公司法课程的开设状态可知，公司法课程开课时常以案例教学法作为主要的教学形式。但在具体应用的过程中，案例教学法却常常会在公司法课程中出现实际应用方面的问题。

（一）案例教学法在公司法课程教学中的应用优势

1. 调动学生学习的积极性和主动性

（1）制定有趣的案例情境

在公司法课程中，教师可以选择与学生日常生活和职业发展相关的案例，设计真实、生动的情境。例如，通过模拟公司内部管理问题、合同纠纷或股东权益纷争等案例，将抽象的法律理论具体化，使学生更容易理解公司法并产生浓厚的学习兴趣。

（2）学生扮演案例角色

将学生置于案例的角色中，让他们扮演公司高管、法律顾问或股东等不同身份，通过不同视角分析问题。这种参与性的学习方式能够激发学生的好奇心和主动性，使其更深入地了解公司法知识，提高学习效果。

2. 引导学生将固态知识转变为动态能力

（1）实际案例解析

教师通过选择实际发生的公司法案例，引导学生深入分析案例中涉及的法律问题。通过对案例的解析，学生能理解知识在实际场景中的应用，能将理论知识转化为实际操作能力。

（2）提倡案例讨论和解决

鼓励学生在小组内讨论案例，共同寻找解决问题的方法。通过合作解决实际案例，学生可以发现不同的解决途径，培养创新和团队协作精神。

3. 增加师生交流

（1）促进课堂互动

在案例分析中，教师应提供机会让学生分享他们的分析和看法。通过主动提问、小组讨论等方式，增加师生之间的积极互动，使学生在思考中不断深化对公司法知识的理解。

（2）解答学生疑问

鼓励学生在案例分析过程中提出问题，及时解答学生的疑虑。这不仅有助于学生对案例的深入理解，也促使师生之间形成更加良好的沟通机制。

（二）案例教学法在公司法课程教学中的应用

1. 准备阶段

（1）确定教学主题

在准备阶段，教师需要明确下一堂公司法课程的教学主题。通过明确定位教学内容，教师能更有针对性地选择相关案例，以提高案例教学的实际效果。

（2）案例选择和整理

教师在选择案例时需要注意案例的实际应用性和学生能力适应度。初期阶段建议选择常见的案例，如法人相关或业务相关案例。在确认案例后，教师要理清案例的法律要点、相关法规，并记录下案例的局限性、法力和法律效果等关键信息，以备课堂讨论时参考。

2. 分组阶段

（1）小组成员的能力均等

教师在分组时应确保小组内成员的能力水平相对均等，以保证小组能够高效协作。根据学生的综合能力或能力长处进行分组，使每个小组都具备较强的应对能力。

（2）小组在案例教学中的作用

小组在案例教学中扮演重要角色，成员之间可以分工协作，各自负责案例不同方面的研究工作。这种合作模式有助于提高学生的综合能力和团队协作能力，促进案例教学的有效实施。

3. 实施阶段

（1）学生预习和案例讨论

学生在课前预习案例，小组成员可以分工进行深入研究。在课堂上，教师引导学生按照争议点展开讨论，鼓励学生提出个人观点。教师在此过程中充当引导者的角色，确保学生的讨论不偏离案情实际。

（2）教师引导与学生独立思考的平衡

在案例讨论过程中，教师应以推进教学进程为主，同时给予学生足够的时间进行独立思考。教师通过提问引导学生，确保学生的思路在正确的轨道上。

4. 反思阶段

（1）总结结论和价值

在案例讨论结束后，教师与学生一同总结案例中涉及的争议点、法律规则、应用限制等内容。强调案例教学的实际价值，引导学生思考案例背后的法理和处理经验，提高学生对法律规则的综合理解。

（2）制度修正思考

通过案例教学法，教师与学生共同思考法律规则中存在的不协调、不周延性，激发学生的制度修正思考。这有助于培养学生对法律体系的批判性思维，提高学生在实际工作中的法律适应能力。

（三）教训与改进建议

1. 学科整合不足

学科整合是一种促使不同学科知识相互交融、形成有机整体的教学方法，然而在案例教学中，可能未充分发挥其潜在优势。为了提高学生对公司法知识的全面理解，建议在教学中更加注重跨学科整合。

第一，案例教学法在公司法课程中的运用，往往局限于法学领域，未能涵盖其他相关学科，如经济学、管理学等。公司法是一个涉及多个学科知识领域的综合性法律科目，其内容不仅包括法理、法规，还涉及公司的经营、管理、财务等方面的实务问题。因此，在案例的选择和设计过程中，应更广泛地考虑与公司法相关的多学科知识，以确保案例的全面性和综合性。

第二，学科整合的不足也表现在案例讨论环节，学生在讨论案例时较为侧重法律问题，对于公司法与其他学科的关联性了解不深。为弥补这一不足，教师在案例讨论中应引导学生深入思考公司法与其他学科的交叉点，如在经济学角度分析公司经营策略，或从管理学角度探讨公司治理结构等。通过这样的方式，学生将更全面地理解公司法在实际应用中的多学科特性。

第三，在评价案例分析的过程中，可以增加跨学科知识的考察要素。不仅要关注学生对法律问题的解决思路，还应注重学生对经济、管理等相关领域知识的灵活运用。通过综合性的评价体系，鼓励学生在案例分析中更好地实现学科整合，使学生在公司法教学中能全面理解和应用多学科知识。

2. 案例选择与行业联系

案例选择在案例教学中具有至关重要的作用，而与实际行业情况更为贴近的案例能更好地促使学生将所学知识有机地应用于实际工作中。因此，在教学实践中，教师应灵活地选择案例，以适应不同行业的需求，提高案例教学的实际效果。

第一，案例教学的目的之一是培养学生的实际问题解决能力，而这需要案例选择更具实际行业背景。通过选择与不同行业相关的案例，可以帮助学生更好地理解和运用所学知识。例如，在公司法课程中，可以选择与互联网行业、金融行业或制造行业等不同行业相关的案例，使学生能在案例中感受真实行业的法律挑战和应对策略。

第二，实际行业案例的选择有助于激发学生的学习兴趣。学生更容易对与自己未来职业相关的案例产生共鸣，从而更加主动地投入到案例分析中。教学中可以根据学生的专业方向，选择相关行业的案例，引导学生在案例中发现与自身专业领域相关的问题，从而提高学习的针对性和深度。

第三，实际行业案例的选择有助于培养学生的跨学科思维。不同行业的案例往往涉及法律、经济、管理等多个学科领域的知识，通过跨学科的案例选择，可以促使学生在案例分析中形成全面的思维方式，更好地解决实际行业中的综合性问题。

总的来说，灵活选择与实际行业联系更为贴近的案例，是提高案例教学实效性的有效途径。这种选择不仅有助于学生更好地将理论知识运用于实际工作中，还能够激发学生的学习兴趣，培养学生跨学科思维。

二、经济法在金融风险防范中的应用

在全面深化改革与全面依法治国视域下，经济法在规避金融风险中的价值不言而喻，即利用自身的法律准绳与规范衡量经济运行的方向是否正确，从而提高金融风险综合应对能力。

（一）经济法与金融风险的特征分析

1. 经济法特征

（1）动态持续性

在当前数字经济环境下，金融行业面临着复杂多元的挑战，各种潜在的金融风险在其中蛰伏、环伺。通过从法律规范的角度出发，经济法促进了金融行业的稳定发展。从全面建成小康社会到"中国式现代化"，再到"创新驱动战略"与"科技创新战略"，我国经济法在动态、持续的优化与完善中，为金融行业与经济体的平稳运行奠定了牢固的基础。

（2）涉足领域广泛性

经济法作为规范经济领域的标尺与准绳，需要根据市场环境与需求的变化，全方位、多维度地满足金融行业与经济活动的需求。面对国内经济运行的"百年未有之大变局"，新时代经济形势与金融风险更为复杂多元。经济法的广泛涉足领域不仅在外部表现上满足多层次需求，更在深层次上指导金融行业与经济活动的正常运行。经济法在动态完善过程中，内容不断深化，领域涉及更加广泛，这有助于在法律深度层面更好地发挥经济法在防范金融风险中的价值。

2. 金融风险特征

金融风险指的是市场主体在应对市场环境变化和国内外激烈的市场竞争时，由于管理理念、管理方式固化或滞后而导致的企业经营危机。

第一，不确定性是金融风险的核心特征之一。市场主体面对不断变化的市场环境时，难以准确预测未来的发展趋势，从而增加了经营决策的风险。这种不确定性要求市场主体拥有灵活的应变能力，以更好地适应市场的动态变化。

第二，金融风险的波及范围广。无论是纵向维度的上下游产业链，还是横向维度的企业间、跨国公司之间的合作，一个小范围的金融问题都可能因为相互关联而迅速扩散，形成连锁反应。这使金融风险的波及范围变得极其广泛，加剧了风险的传播速度。

第三，金融风险的影响深远。世界经济一体化的推进使国际金融市场更加紧密相连。一个地区或国家的金融问题很容易波及其他地区，形成全球性的经济波动。因此，金融风险的影响深远，对整个世界经济产生长期而严重的影响。

（二）经济法在金融风险防范中的应用

1. 宏观层面：强化"有形之手"的监管力度

在数字经济时代，政府的危机意识与终身学习意识至关重要，需要持续强化职能建设，特别是要重点监控金融法律法规的动态变化。

（1）政府宏观监控的必要性

政府部门在动态监控与完善法规方面扮演着关键角色。通过终身学习机制，政府需要不断优化金融法规，灵活调整法规框架，以适应市场需求的变化。这不仅包括对已有法规的修订，更需要对新兴领域的监管框架进行创新，确保法规体系的灵活性和时效性。

另外，政府在数据交互与监管水平提升方面也有着重要的任务。与各级地方政府、国家金融监督管理总局等部门实现数据的高效交互，是强化金融监管水平的必然要求。通过这种方式，政府能更加全面地了解金融行业的运行状况，及时发现潜在风险。

在实现数据交互的基础上，政府需要利用大数据和人工智能等先进技术，提高监管的广度与深度。通过建立智能监控系统，政府能更为精准地洞察金融市场的运行情况，发现异常波动，防范潜在的风险。这样的监管方式不仅有助于规范金融行业的运行，也有利于提高政府对市场动态的洞察力，从而更好地制定相关政策。

（2）规范与约束的作用

政府通过宏观政策的制定，具备强化金融行业数据信息的公开化的优势。金融行业的公开化信息是保障市场透明度和投资者权益的基础，也是防范金融风险的重要手段。通过明确的宏观政策框架，政府可以推动金融机构主动公开其业务运作、财务状况等关键信息，以提高市场主体对金融行业运行状况的了解程度。这不仅有助于降低信息不对称风险，还能促进金融市场的有效竞争，从而提高整个金融行业的效率和稳定性。

在金融行业监管中，经济法充当着重要角色。政府需要借助经济法的规范与约束作用，确保金融行业在法规框架下规范经营。通过建立健全的经济法体系，政府可以对金融机构的行为进行规范，确保其合法经营，同时也加大了对违规行为的惩罚力度，提高了监管的有效性。

在金融行业监管中，政府还需要充分发挥经济法的引导作用。通过明确定义金融行业的经济法规则，政府能引导金融行业在市场经济条件下规范竞争、稳健经营，避免出现不当竞争和违法经营行为。这有助于形成健康的金融市场生态，提升金融行业的整体质量。

2. 微观层面：强化对金融市场内部的监管

（1）国内金融市场的特点

国内金融市场的快速发展主要得益于现代信息技术的普及和应用。各类金融方式在这一背景下呈现出明显的多元化趋势，为金融市场带来更为丰富的业务模式和创新性的金融产品。这种多元化的发展使金融市场更加适应不断变化的市场需求和经济环境，为企业和个人提供了更为灵活多样的金融服务。

然而，在国内金融市场的快速发展中，监管体系未能及时跟上变革的步伐，导致一些新兴金融业务的监管存在滞后性，使金融市场暴露于一定的风险之中。

为了应对这一问题，政府需要从微观层面进行科学有效的监管。这包括不断更新实施条例，使经济法能全面覆盖金融行业的各个方面。科学有效的监管机制需要与金融市场的发展同步，及时调整和完善监管政策，以适应金融市场内外部环境的变化。政府应当加强对金融机构的监管，尤其是对于那些涉及新兴科技的金融服务，加强监管的前瞻性和专业性，提高监管水平，确保金融市场的健康有序发展。

（2）经济法在金融市场内部监管中的应用

在金融市场内部监管方面，政府需要通过经济法实现对金融企业的全业务、全流程、全方位监管，以确保金融企业在风险可控范围内稳健运营。

首先，政府可以通过加强监管合作，使金融企业在法规规范下平稳发展。通过与金融机构建立密切的监管合作关系，政府能更加全面地了解金融企业的运作情况，及时发现潜在的风险点，采取相应措施进行防范。这种监管合作应当强调信息的共享和协同，确保监管的全面性和及时性。

其次，金融企业还需要主动与其他金融机构或相关部门强化合作，以优化金融内部监管的环境与条件。通过与工业和信息化部、市场监管等部门的协同，金融企业可以加强数据的交互运用，规避金融风险的发生。合作应包括对数据的充分共享，使各方能更好地了解金融市场的运行状况，从而更有针对性地进行监管和风险防范。政府应当制定相关的政策和机制，鼓励金融企业加强合作，形成监管合作的网络。

3.树立正确的金融运营观

（1）经济法对行业正确价值观的树立

在数字经济时代，经济法的作用至关重要，特别是在树立金融行业正确的价值观方面。维护经济秩序、推动经济体高质量运转成为经济法的首要目标，而在这一过程中，金融领域的迅速变化使经济法的规范与制约成为树立行业正确价值观的关键途径。

一方面，经济法需要实现对金融领域的全覆盖。在数字经济时代，金融领域的市场活动形式和方式发生了日新月异的变化。经济法的渗透应该覆盖金融领域内的市场活动全过程、全环节。尤其对于互联网金融领域，不能让其成为法外之地，必须通过经济法的全面监管，确保互联网金融运行在法规的轨道之内。这意味着政府需要借助经济法的力量，对金融领域进行更为全面的监管，以规避金融风险，维护金融秩序。

另一方面，经济法对金融市场的稳定发展起到了关键作用。金融行业应始终以经济法为遵循，坚持将经济效益与社会效益相结合。通过经济法的规范，确保金融活动在法律框架下平稳发展。在数字经济时代，金融行业面临激烈竞争和不断变化的环境，只有在经济法的规范下，金融行业才能在竞争环境中脱颖而出。这也意味着金融行业需要不断调整战略，适应新的法规和法律环境，以经济法为指导，实现良性、可持续的发展。

（2）经济法的法律与政策保护

经济法在金融领域的法律与政策保护方面发挥着至关重要的作用。合规企业通过遵循经济法，能享受到政策优惠，同时受到法律与政策的有力保护。

遵循经济法的合规企业在金融市场中能享受到政策优惠。这种政策优惠不仅是对企业合规经营的一种认可，更是一种激励，通过政策的引导，鼓励企业更好地遵循法规，促使企业在经济活动中更加规范、透明、负责任。这种政策优惠旨在为企业提供更为宽松的经营环境，促进其良性发展，同时也是对企业履行社会责任的一种认可，为企业在市场竞争中提供了有力支持。

（四）教训与改进建议

1. 法规更新滞后

首先，金融机构应当建立高效的法规监测机制，以便及时了解最新法规的变化。这包括建立专门的法规监测团队，负责跟踪国家、地方，以及行业层面的法规变化，以确保在第一时间了解到与其相关的法规调整。通过引入现代信息技术，可以实现法规监测的自动化和实时化，提高金融机构对法规变化的感知能力。

其次，金融机构应当建立灵活的法规应对机制。一旦发现与金融业务相关的法规发生变化，金融机构应当能迅速作出相应的调整。这包括及时更新内部合规制度，调整业务流程，确保各项业务活动都符合最新的法规要求。为了提高反应速度，金融机构还可以通过与专业法务机构合作，建立法规咨询渠道，及时获取法规解读和应对建议。

最后，金融机构应当积极参与法规制定过程。通过与监管部门、法律机构的密切合作，金融机构可以提前获取即将实施的法规信息，有助于及时做好准备。此外，金融机构还可以通过参与立法建议、行业研究等方式，积极参与法规的制定，推动法规的制订更加贴近金融实际，有利于确保法规的实时性和适用性。

2. 合规培训需加强

首先，金融机构应当建立全面而系统的合规培训体系。培训内容应该与金融业务的具体特点和法规要求相结合，确保培训的全面性和实用性。同时，培训体系应该注重分层次、分岗位的特定培训，以满足不同从业人员的需求，提高培训的针对性和实效性。

其次，金融机构应当采用多样化的培训方式。除了传统的面对面培训，还可以通过在线学习平台、专业培训机构合作等方式，拓展培训渠道。这有助于提高培训的灵活性，使从业人员更容易接受和参与培训。此外，还可以引入模拟操作、案例分析等实际操作性强的培训形式，以提升培训的实战性和应用性。

在培训过程中，金融机构应注重培训效果的评估。通过定期的考核和测试，评估从业人员对合规知识的掌握情况。同时，可以引入实际案例分析，让从业人员通过具体案例了解法规在实际业务中的应用，增强他们的实际操作能力。培训效果评估有助于及时发现培训存在的问题，并调整培训内容和方式。

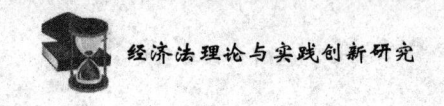

第三节　未来发展趋势与建议

一、经济法未来趋势预测

（一）技术与法律融合的趋势

未来，技术与法律的融合将成为经济法领域的一项重要趋势。这种趋势的体现之一是人工智能在合同解释中的应用。

1.智能合同的崛起

（1）合同解释的自动化

人工智能技术的迅猛发展使智能合同成为可能。未来，智能合同将在合同解释中发挥更为重要的作用。通过自动分析合同文本，智能合同可以准确理解合同条款，降低合同解释的不确定性，提高法律效力。

（2）智能合同的执行

技术与法律的融合将推动智能合同的广泛应用，从而实现合同的自动执行。区块链等技术的运用使智能合同的履行过程具备更高的安全性和可追溯性，为合同当事人提供更可靠的法律保障。

2.数字经济时代下的隐私保护

（1）数据隐私法的制定与完善

随着数字经济的发展，个人数据的收集和利用日益普遍。未来，经济法将更加注重隐私保护，相关的数据隐私法将得到制定和完善。这既涉及企业在数据收集过程中的合规性，也涉及个人对自身数据的掌控权。

（2）人工智能伦理法的建立

人工智能技术的广泛应用催生了一系列伦理问题，包括算法的不透明性、歧视性等。未来，经济法将积极回应这些问题，制定人工智能伦理法规，规范人工智能的合法使用，保障个体的权益。

3.知识产权法在技术创新中的角色

（1）知识产权的全球保护

随着全球科技创新的蓬勃发展，知识产权将变得更加重要。未来，经济法将加强国际合作，推动知识产权的全球保护，以促进全球技术创新的可持续发展。

（2）新兴技术的法律规制

未来，新兴技术如基因编辑、量子计算等将带来法律挑战。经济法需要及时跟进科技发展，制定切实可行的法规，确保这些新兴技术在法治框架内合法推进。

（二）跨境经济法合作的趋势

未来，经济法领域将继续推动跨境合作，促进国际经济法律框架的进一步发展。

1. 全球一体化与国际贸易法的发展

（1）数字贸易与电子商务法的重要性

数字贸易和电子商务的兴起使国际贸易模式发生了根本性变革。未来，经济法将关注数字贸易的法律规制，加强电子商务法的建设，以适应全球一体化的贸易需求。

（2）全球价值链与跨境投资法的完善

全球价值链的加深推动了跨境投资的频繁发生。未来，经济法将致力于完善跨境投资法规，提高法律透明度，降低投资风险，促进跨境投资的良性发展。

2. 金融法律框架的国际协调

（1）国际金融体系的法治建设

金融市场的国际化要求不同国家之间加强协调。未来，金融法将促进国际金融体系的法制建设，包括国际金融监管标准的统一、金融危机应对机制的健全等。

（2）数字货币与全球支付法的制定

随着数字货币的崛起、支付方式的多样化，经济法需要在全球范围内推动全球支付法规的制定，规范数字货币的发行和使用。

3. 国际经济合作与知识产权的保护

（1）国际知识产权法律框架的完善

知识产权在全球范围内的交流与保护将成为国际经济法律合作的重要领域。未来，经济法将推动建设更加完善的国际知识产权法律框架，加大对知识产权的跨境执法力度，维护创新者的权益。

（2）国际专利合作与技术创新

为推动技术创新，经济法将促进国际专利合作。简化专利申请流程、提高专利审查效率，将成为未来国际经济法的一项重要任务，以促使技术更快速地得到全球认可。

二、研究建议

（一）加强跨学科研究

1. 经济法与信息技术的跨学科研究

推动经济法与信息技术的深度融合，研究数字经济时代下法治环境的构建，以更好地应对新兴科技带来的法律挑战。

2. 经济法与社会学、心理学的跨学科研究

深入探讨经济法对社会与个体行为的影响，研究法律规范如何塑造和引导经济主体的行为，从而建立更加健全的法制环境。

（二）完善法律培训体系

1. 定制化培训计划的设计

制定不同层次、不同专业领域的法律培训计划，确保从业人员根据实际需求获取系统、全面的法律知识。

2.法学教育与业务实践的结合

完善法学教育与业务实践相结合的培训模式，提高从业人员的实际操作能力，使法学理论更贴近实际工作需求。

（三）推动法律科技创新

1.法律科技平台的建设

鼓励设立法律科技创新平台，促进法学研究与科技创新的深度融合。该平台可以推动智能合同、区块链技术等在经济法领域的应用。

2.法律大数据的挖掘与应用

倡导开展法律大数据的研究，通过数据挖掘和分析，深入了解法律实施的效果，及时调整和优化法规，提高法治水平。

参考文献

[1] 王云.经济法视野下农民工社会保障制度分析[J].法制与社会,2019（4）：3-6.

[2] 郑海雯.《侵权责任法》之共同侵权制度在专利法中的适用探讨[J].法制与社会,2019（4）：11-13.

[3] 蒋小红.试论国际投资法的新发展：以国际投资条约如何促进可持续发展为视角[J].河北法学,2019（3）：6-7.

[4] 佘倩影.财税行为理论综述：兼谈财税法学理论建构的本土意识[J].财税法论丛,2018（9）：2-3.

[5] 佚名.第七届"知识产权、标准与反垄断法"国际研讨会会议综述(节选)[J].竞争政策研究,2019（1）：6-9.

[6] 沈小军.论责任保险中被保险人的责任免除请求权：兼评《保险法司法解释四》责任保险相关条文[J].法学家,2019（1）：21-23.

[7] 邱隽思,段宏磊.中国农业反垄断执法的省思与改进：基于对《反垄断法》第56条的再审视[J].学习与实践,2019（1）：22-23.

[8] 单飞跃,薛克鹏,鲁篱,等.改革开放40年中国经济法学研究的回顾和展望笔谈[J].现代法学,2019（1）：33-35.

[9] 李莉莎.论公司法课程中案例教学法的实践与完善[J].科教文汇（中旬刊）,2017（1）：44-45.

[10] 何彩萍.多元化教学方式在公司法课程教学中的应用探讨[J].榆林学院学报,2017,27（4）：50-53.

[11] 包姝妹.关于公司法课程实践教学"三化"改革研究：专题化、课题化、分组化[J].呼伦贝尔学院学报,2016,24（2）：114-116.

[12] 孙美琦.金融风险防范中经济法的价值分析[J].法制与社会,2021（19）：178-179.

[13] 夏梦.金融风险防范中经济法的价值功能[J].上海商业,2022（3）：174-176.

[14] 朱昱函.简述经济法在防范金融风险中的价值与功能[J].内蒙古煤炭经济,2020（21）：98-99.

[15] 张敏.运用案例提升经济法课堂教学改革效果的思考[J].国际公关,2020（12）：

160-161.

[16] 史梦怡. 案例演绎法于法学课程的教学改革探索[J]. 辽宁师专学报（社会科学版），2021（4）：59-61.

[17] 许金道. 大数据时代的经济法理念变革与规制创新策略[J]. 法制与社会，2020（19）：17-18.

[18] 綦鲁明. 推动建设现代流通体系的政策建议[J]. 全球化，2022（06）：85-92+134.

[19] 邓莉, 代志霞. 大数据时代的经济法理念变革与规制创新探究[J]. 中国商论，2021（24）：123-125.

[20] 罗逸宁, 周宇辰. 基于大数据视域分析经济法理念及规制的革新[J]. 辽宁经济，2020（7）：22-23.

[21] 江子丹, 欧阳素珍. 互联网商业模式创新的经济法激励分析[J]. 商场现代化，2020（17）：22-24.